SALAM YAMEN / LIEBER SAID

DIALOG

Eine Kooperation des PEN-Programms »Writers in Exile«
mit dem Literaturhaus München und dem
Bayerischen Rundfunk / Bayern 2 – Kulturkritik und Literatur
Mit einer CD des vollständigen Dialogs in der Sendung des
Bayerischen Rundfunks

SAID / YAMEN HUSSEIN

SALAM YAMEN
LIEBER SAID

DIALOG

Mit Beiträgen von
CORNELIA ZETZSCHE und
FRANZISKA SPERR

Übersetzung von
LEILA CHAMMAA und
KENAN KHADAJ

P. KIRCHHEIM VERLAG

© P. Kirchheim Verlag München 2018 für diese Ausgabe
© Yamen Hussein 2017
© SAID 2017
© Leila Chammaa 2017
© Franziska Sperr 2017
© Cornelia Zetzsche 2017
Coverfotos:
SAID © Stefan Weidner
Yamen Hussein © privat

GESAMTGESTALTUNG UND SATZ
Johannes Steil – brotschrift.de
ARABISCHER SATZ
Stephan Trudewind
DRUCK UND BINDUNG
Interpress, Budapest

Printed in Hungary
ISBN 978-3-87410-138-7

www.kirchheimverlag.de
Postfach 15 11 02, 80047 München

Der Lyriker SAID, der vor Jahrzehnten den iranischen Diktaturen entkam und der syrische Dichter und Exilant Yamen Hussein tauschen sich aus über Heimatverlust und Sprache, Gewalt und Poesie und über ihre Städte Teheran und Homs. Ein Gespräch zwischen Unbekannten in Briefen und Gedichten, vor der ersten Begegnung im März 2017.

Sie leben in einer Stadt und kannten sich nicht. Der eine ist halb so alt wie der andere, aber beiden gemeinsam ist die Ankunft in der Fremde. Yamen Hussein, geboren 1984, engagierte sich in Protesten gegen das Regime, geriet in Gefahr, floh 2013 aus Syrien und kam Ende 2014 über den Libanon und die Türkei nach Deutschland. Der Dichter SAID, Jahrgang 1947, stammt aus Teheran, wollte 1965 in München studieren und blieb, getragen von Studenten-Protesten gegen den Schah, die jede Rückkehr unmöglich machten. Von einer Iran-Reise 1979, nach der Revolution, mit deutlichen Vorboten islamistischer Gewalt, kehrte er nach München zurück, »ein flüchtling, seit beinah fünfzig jahren«, wie er schreibt.

»Die Sprache, die ich atme, ist Deutsch«, sagt SAID, ein Dichter im Exil, der im Deutschen seine Heimstatt fand, seine Lingua Franca und seit 1975 seine literarische Ausdrucksform. SAID wandelte sich vom Technik-Studenten zum Poeten, wurde – als Schriftsteller, der nicht in seiner Muttersprache schreibt – zum Chamisso-Preisträger, war zwei Jahre PEN-Präsident und macht, in Lyrik und Prosa, immer wieder auch autobiographisches Material zum Stoff seines vielfach preisgekrönten literarischen Werks: die Kindheit in Teheran; die fremde Mutter, die er erst mit 43 Jahren kennenlernte; die Revolution der Islamisten unter Khomeini. »salam yamen, sei du herzlich willkommen in deutschland, im territorium der deutschen sprache, deiner eigentlichen gastgeberin«, begrüßt er den Dichter und Journalisten Yamen Hussein aus Homs, der mit kritischen Artikeln gegen die Eingriffe des Staates in die Pressefreiheit ins Visier der Machthaber geraten war; der von der Universität verwiesen, vom Geheimdienst verfolgt und bedroht wurde; der 2011 über die Proteste in Homs und Hama berichtet und das »Nabd Bündnis für die Jugend Syriens« mitbegründet hatte. Ein kluger politischer Kopf, ein Poet, ein Geflüchteter, dem »die Sprache, die Straßen und die Musik stets ein Trost waren«, der nun Deutsch lernt und zunächst als »Writer in Exile«, als Gast des PEN, in diesem für ihn neuen Land seinen Weg sucht; der sich in Schreibprojekten engagiert, erste Gedichte in Deutschland veröffentlicht, Kontakte knüpft und dennoch zurück möchte, und der dem Kollegen SAID antwortet: »Ich habe Angst, Du zu werden«, das heißt: ein »flüchtling seit bald fünfzig jahren«. Sein Asylantrag wurde im zweiten Anlauf genehmigt, aber mit dem Krieg in Syrien scheint Yamen Husseins Rückkehr ferner denn je.

Yamen Hussein und SAID, zwei Literaten, Flüchtlinge, Exilanten. Sie kannten sich nicht, aber sie schrieben einander, auf Initiative des PEN, des Literaturhauses München und des Bayerischen Rundfunks. Aus dem Schreiben ergaben sich Fragen, anfangs zögerlich, dann in direkter Folge, eine Suchbewegung nach einem Ort in der Welt, nach den Möglichkeiten der Kunst, der Schönheit inmitten von Gewalt. Universale Fragen, eine mitreißende Lektüre.

Am 9. März 2017 trafen sie sich auf der Bühne des Literaturhauses zum ersten Mal, umarmten sich, nahmen Platz neben dem Schauspieler Paul Herwig, der deutschen Stimme Yamen Husseins, und Roman Bunka, einem Virtuosen der Oud. Ein bewegender Abend und eine Sendung in »radioTexte – Das offene Buch« auf Bayern 2, die zum Buch-Projekt führten.

Drei Monate lang hatten sich beide Poeten geschrieben, jeder in seiner Sprache, Arabisch und Deutsch. Sie erklärten sich, nahmen Gedanken und Motive des anderen auf und schrieben sie fort: »der baum frißt … seine vögel auf, die ihn den herbst hindurch bewachten«, heißt es bei SAID, und Yamen Hussein antwortet: »Der Baum, der den Vogel verschlungen hat, / wurde abgeholzt und verbrannt, in der Hoffnung, ein Kind vor dem / Erfrieren zu bewahren. / Es wurde gerettet. / Eine Woche später starb es bei einem Sarin-Angriff …« »Die Zeit ist aus Blut«. Bilder des Krieges, der Einsamkeit, der Trauer, aber auch der Hoffnung prägen diesen literarischen Dialog, der erst durch die Übersetzungen von Leila Chammaa und Kenan Khadaj möglich wurde. Ein Zeugnis vom Gehen, Suchen, Ankommen. Ein Dokument unserer Zeit.

Cornelia Zetzsche

der gast

die tür war offen.
er brauchte nicht daran zu kratzen.
er kam herein,
setzte sich an den tisch
auf den freien stuhl,
aß und trank,
rauchte und hörte zu.
dann ging er
und schloß die tür.

* * *

salam yamen,

sei du herzlich willkommen in deutschland, im territorium
der deutschen sprache –
deiner eigentlichen gastgeberin.

ich heiße dich willkommen, weil ich länger als du auf eine
rückkehr warte –
auch als flüchtling, seit beinah 50 jahren.

du wirst sehen, wie das land dich aufnimmt. mit so viel gastfreundschaft, wie es kann. (und dieses potential hat sich seit
meiner ankunft enorm erhöht. auch die sprache wird dich
aufnehmen so gastlich wie sie kann.)

und auch der gast hat seine pflichten gegenüber dem land
und seiner sprache.

salamat

العتبة

الباب كان مفتوحاً قليلاً،
جرحٌ في الجدار .
دخلتُ،
لم أقوَ على إنزال الحقيبة
الملتصقة بظهري كتوأم سيامي،
فنزعتُ كتفي عني لأريحهما.
أجلستهما على الكرسي المقابل
وقدمت لهما النبيذ .
تركت الشاي على الموقد
لضيف آخر قد يأتي.
خرجتُ، مشيتُ، ركضتُ، لهثتُ، ونفثت دخاني في الزقاق الموحش.
كدّتُ أصلُ البيت،
فتذكرتُ حينها،
في حمص حيث بيتي،
كنتُ كلما خشخشتُ للقفل بالمفاتيح في جيبي،
اهتزت العتبة .

العزيزُ سعيد،
شكراً لكلماتك الترحيبية اللطيفة، ورغم قساوة أن لايملك كلٌّ مِنّا خيار العودة
أو القدوم هنا، أعتقد وخلال عامين لي في المانيا، وقبلها إسطنبول، كانت
اللغة، والشوارع، والموسيقى، تؤنس قلبي، وتخفف وطأة عدم امتلاكي الخيار
الحر «أين أكون» .
أتعلم الألمانية حالياً، وأحياناً كطفل، أكتب الوظائف المطلوبة . لا يزعجني
الأمر فلقد اعتدت عليه كأنه خلقٌ جديد لي . . جل ما أتمناه العودة إلى بلدي
وأن يكون حرًّا، لأستطيعَ حينها العودة إلى المانيا كضيف، وربما كزائر، وربما
للإقامة، على أن يكون هذا خياري وليس تحت وطأة رجال المخابرات السّرية،
أو إيقاع القنابل . لك خالص المودة،
يامن.

Die Schwelle

Die Tür war geöffnet, einen Spalt breit,
ein Riss in der Wand.
Ich trat ein,
konnte den Rucksack nicht ablegen,
er war mit meinem Rücken verwachsen
wie ein siamesischer Zwilling.
Also legte ich meine Schultern ab,
damit sie sich ausruhten,
ließ sie auf dem Stuhl gegenüber Platz nehmen
und stellte ihnen Wein hin.
Ich setzte Tee auf,
ließ ihn auf dem Ofen stehen
für einen weiteren Gast, der vielleicht käme.
Ich ging hinaus, lief, rannte, keuchte,
blies meinen Rauch in die einsame Gasse.
Auf dem Rückweg
kam mir Homs in den Sinn und mein Zuhause dort.
Sooft ich mit dem Schlüsselbund in der Tasche dem
      Türschloss zugerasselt hatte,
war die Schwelle erbebt.

Lieber SAID,
vielen Dank für Deinen freundlichen Willkommensgruß.
Es ist hart, dass wir beide keine Entscheidungsgewalt über
unsere Rückkehr haben, auch keine darüber hatten, hierher
zu kommen. Doch ich glaube, dass mir – in den zwei Jahren
hier in Deutschland und davor in Istanbul – die Sprache, die
Straßen und die Musik stets ein Trost waren. Sie machten mir
den Zustand erträglicher, nicht selbst über meinen Aufent-
haltsort bestimmen zu können.
Ich lerne jetzt Deutsch und mache manchmal Hausaufgaben
wie ein Schulkind. Das stört mich nicht. Ich habe mich daran
gewöhnt. Es ist mir wie zur neuen Natur geworden. Doch

einen großen Wunsch habe ich: dass ich in mein Land zurückkehre und dass es frei ist. Dann würde ich nach Deutschland kommen, zu Besuch oder vielleicht auch, um hier zu leben. Aber aus freien Stücken und nicht gezwungenermaßen, um dem Geheimdienst oder den Bomben zu entkommen.

Herzlichst
Yamen

salam yamen,
nein, nicht eine freie entscheidung hat uns hierherge-
worfen – es war ein wind.
nun sitzen wir auf der spitze unserer träume wie ein
vergessenes veilchen und trotzen dem wind.
aber hat trotz je geholfen –
ohne einen eigenen gang?
du hast recht: die straße mit ihrer musik, mit ihrer
sprache kommt uns entgegen.
ob sie uns auch tröstet?
über den verlust einer heimat, die nie mehr das sein
wird, was wir verlassen haben?
hattest du nicht geschrieben, daß wir wie schulkinder
sind?
kinder sind offener als erwachsene, sie lernen schnel-
ler.
die straße, die uns hierhergeführt hat –
sie hat uns auch einen gang geschenkt.
und dieser führt uns eines tages in ein haus
salamat

* * *

die geräusche im haus
die niemals weinenden
versöhnen sich mit mir
als wäre ich teil des humus
von dem sie sich nähren
später brauche ich nichts mehr zu verstehen
von der ethik der schwerkraft
der baum frißt dann seine vögel auf
die ihn den herbst hindurch bewachten

الوقت من دم

سلام سعيد،

أقرأ ما كتبتَهُ عن الدرب، وأتذكر:

عندما أفرجت المخابرات عن خالي المعتقل السياسي بعدَ سبع سنوات من التعذيب والاعتقال، بالكاد تذكّرَ دربَ البيت، كانَ العُمران قد اكتظ خلال سنوات اعتقاله، وافترست البيوت، والمتاجر، الشوارع والحدائق. دلتهُ حينها رائحة الخبز الطازج القادمة من الفرن.

أما أنا فأكثر مايخيفني ألا أتذكر طريق البيت، فعلى عكسهِ التهمت القنابل كل عمران المدينة في فترة غيابي، وقُصفَ فرنُ الحي ..

قلتِ لي أيها الصديق في رسالة سابقة أنك لاجئ منذ خمسين سنة

جلّ ما أخشاه أن أصيركِ

وألا أستدلَ درب العودة

وكذلك البلادُ تخاف هذا المصير.

* * *

الشجرة التي التهمت العصفور

قطعوها وأشعلوها

علّهم ينقذون طفلاً

من الموت برداً.

نجحوا،

لكنه مات بعدها باسبوع

في هجمات غاز السارين.

فاقتطعوا شجرة أخرى ليصنعوا له تابوتاً.

تقلصَ الحي،

المقبرة اتسعت،

والتهمت كل اشجار المدينة

لكن ثمة فوق الركام عصافير

Zeit aus Blut

Salam SAID,

Ich lese, was du über den Weg schreibst, und erinnere mich:
Als mein Onkel nach sieben Jahren politischer Haft und Folter vom Geheimdienst entlassen wurde, fand er kaum mehr
nach Hause zurück. In seiner Abwesenheit war viel gebaut
worden, sodass ganze Straßenzüge samt Häusern, Geschäften
und Gärten verschwunden waren. Den Heimweg hatte ihm
der Duft von frischem Brot gewiesen, der aus der Bäckerei
strömte.
Und ich, ich habe große Angst, den Heimweg nicht zu finden.
Aber nicht wegen des Baubooms, sondern weil meine Stadt
inzwischen völlig zerbombt ist. Alle Häuser liegen in Schutt
und Asche. Auch die Bäckerei.
Lieber Freund,
du bist, wie du in einem deiner Briefe schriebst, seit 50 Jahren
ein Flüchtling.
Ich habe Angst, Du zu werden,
den Heimweg nicht zu finden.
Das ganze Land fürchtet ein solches Schicksal.

*   *   *

Der Baum, der den Vogel verschlungen hat,
wurde abgeholzt und verbrannt
in der Hoffnung, ein Kind vor dem
Erfrieren zu bewahren.
Es wurde gerettet.
Eine Woche später starb es
bei einem Sarin-Angriff.
Also holzte man einen weiteren Baum ab,
zimmerte daraus einen Sarg.
Das Viertel ist geschrumpft,
der Friedhof gewachsen,
hat alle Bäume verschlungen.

ترمي من مناقيرها بذاراً
علها تَنبُت
في هذه الأرض المالحة .

* * *

في الإنتظار

بين رسالتي الأخيرة لك وانتظاري رسالتك المترجمة لم أنَم إلا بضع ساعات متقطعة، كانت حلب محاصرة، مائة ألف مدني وثائر محاصر في الكومونة الحلبية، ينهال عليهم الطيران الروسي بالنابلم والبراميل، وقوات النظام وحلفاءه من الميلشيات العراقية والإيرانية، وحزب الله تطلق عليهم النار من منزل إلى منزل، ومن باب الى باب .

ملأنا الدنيا صراخاً أخيراً، لننتصر بسماح روسيا لهم بممر آمن وتهجير قسري باتجاه مدينة أخرى. تخيل أننا تظاهرنا مطالبين بتهجير أهلنا من مدينتهم! ذلك بالتأكيد أفضل من موتهم. وهم يَخرجونَ مات عدد منهم من البرد والقصف المتقطع، ثمة رجل كهل كان يَجُرُّ أمه في عربة، وآخر يدفع الكرسي المدولب لزوجته المقعدة، يتوقف قليلاً ليفركُ يديها ويمسح وجهها علّه يعطيها بعض الدفء. الكاميرا كانت تصور كلَّ ذلك، وأنا أراقب عاجزاً من على شاشة الموبايل، استماته لإنقاذها وكم كان يحبها، وكيف حشرجت هي ثم ماتت .. صرخَ حينها صراخاً كتيماً ..

في الوقت الذي انتظرت فيه رسالتك، سقطت حلب بيد الفاشيين، وقبل خروج أهلها منها كتبوا على حطام بيوتهم أبيات شعر لحبيباتهم، وأنهم عائدون يوما ما .

في الصور القادمة من الكارثة ثمة ولدٌ يصطحب معه قفص عصافير، وعلى كتف شاب تجثو قطة .

كانوا، والموت، وحيواناتهم الأليفة كأنهم عائلة ..

في الوقت الذي انتظرته دون أن يغمض جفني،
كان حليم أحد الأصدقاء في حلب، يناشدنا أن نتظاهر للضغط على روسيا لفتح ممر آمن،
كان يصرخ:
الوقت من دم .
الوقت من دم .
. . .
وكنتُ أصرخ: الصمت خيانة.

Doch auf den Trümmern leben Vögel,
lassen aus Schnäbeln Körner fallen,
vielleicht keimen sie ja
in dieser salzigen Erde.

*   *   *

Warten

Nachdem ich meinen letzten Brief an dich geschrieben hatte
und auf die Übersetzung deines Briefes wartete, habe ich nur
wenig geschlafen. Einige unruhige Stunden. Aleppo war be-
lagert. Hunderttausend Zivilisten und Rebellen waren in der
Stadt eingekesselt. Aus der Luft wurden sie mit russischen
Napalm- und Fassbomben beworfen. Und am Boden beschos-
sen von den Streitkräften des Regimes, verbündeten iraki-
schen und iranischen Milizen und der Hisbollah, die nicht
ein Haus, nicht eine Tür ausließen. Wir haben in die Welt geschrien und geschrien. Am Ende haben wir erreicht, dass Russland einen Sicherheitskorridor
einrichtet und die Bewohner in eine andere Stadt evakuiert
werden. Stell dir vor, wir haben in unseren Protesten gefordert, dass die Bevölkerung aus ihrer Stadt ausgesiedelt wird.
Das ist sicher besser als zu sterben. Etliche Menschen sind unterwegs Kälte und Bomben zum Opfer gefallen. Ein älterer
Mann schob seine Mutter in einem Wagen. Ein anderer schob
seine Frau im Rollstuhl. Er hielt kurz an, rieb ihre Hände und
strich ihr übers Gesicht, um ihr etwas Wärme zu spenden. Die
Kamera filmte all dies. Ohnmächtig starrte ich auf mein
Handy Display und sah, wie er sich um sie bemühte, wie sehr
er sie liebte, sah, wie sie heftig atmete und dann starb. Da
habe ich innerlich aufgeschrien.
In der Zeit, in der ich auf deinen Brief wartete, fiel Aleppo
den Faschisten in die Hände. Bevor die Bewohner ihre Stadt
verließen, hatten sie auf die Trümmer ihrer Häuser Gedicht-
verse für ihre Liebsten geschrieben, und dass sie eines Tages
zurückkehren würden. Auf einem Bild von der Katastrophe

hält ein Junge einen Käfig mit Vögeln in der Hand. Ein anderes zeigt einen jungen Mann mit einer Katze auf der Schulter. Die Menschen, ihre Haustiere und der Tod waren wie eine Familie.

In der Zeit, in der ich wartete und kaum schlief, appellierte Halim, ein Freund aus Aleppo, an uns: Wir sollen demonstrieren, damit Russland unter Druck gerät und einen Sicherheitskorridor einrichtet.

Er schrie:
Die Zeit ist aus Blut
Die Zeit ist aus Blut.
...
Und ich schrie: Schweigen ist Verrat

salam yamen,
danke für deinen brief.
wir sprechen über den weg, wie alle flüchtlinge.
sie suchen stets den weg, oder vielleicht nur einen
weg –
den heimweg.
aber auch wege ändern sich mit der zeit, wenn sie zu
lange warten.
je länger der flüchtling sucht, desto rauer wird der
heimweg.
doch mal angenommen, du findest den weg.
findest du dann auch aleppo?
und wenn du sie findest –
ist sie nicht eine andere stadt geworden?
dank kriegen und bomben?
an denen fast alle industrienationen gut verdient haben.
in aleppo toben sich alle aus, auch mein land, wofür
ich mich schäme.
auch und gerade, weil ich die islamische republik als
feind empfinde –
und nicht nur für mich.
die geschichte hat uns überrannt und matt gesetzt.
was bleibt uns übrig, wir müssen suchen.
salamat

*   *   *

kleine durstige götter
die nach einer bleibe gieren
liebkosen im vorbeigehen auch würmer
nachts suchen sie hinter meinen lidern
nach treue
dann findet meine zunge zurück
zum geschmack der verzerrung
mit leisen spuren von schönheit

صديقي سعيد

لا أعتقد انني سأجد حلب، ولا سورية كلها كما كانت، ستكون هناك سورية غيرها، أو ربما لن تكون، ولا أحفل بالنوستالجيا، لكن كل ما أردناه كسوريين بلداً ديمقراطياً لاتحكمه عائلة مافيا ولايقام عليه الحدّ بسكاكين داعش تارة وحزب الله تارة أخرى، ثم إنني كنت أتحدث عن حلب وهناك لايوجد داعش فقبل ثلاثة أعوام انتفض ابناؤها المعارضين للأسد وطردوا فاشيي الدولة الإسلامية منها، وأظن أن هذا ما يعاقبهم الأسد وبوتين عليه بقصفهم ليل نهار، فكل طاغية يحتاج إلى إرهاب مقابل ليعلل وجوده أمام الإعلام، ولا أعتقد أن عليك أو على أيّ إيراني حر أن يشعر بالعار بسبب النظام الإيراني، إنني أُفَرقُ جيداً بين الحكومات الديكتاتورية وبين الشعوب، وهنا لابد أن أتذكر الثورة الخضراء في إيران التي أطاح بها الحرس الثوري وكانت عيوننا شاخصة إليها لعلها تنقذ ايران من الديكتاتورية لكن للأسف تم تحطيمها.

قدرنا كأفراد نؤمن بالحرية أن لانصمت حين يصبح الكلام واجباً.

أن نقول لا للفاشية، ولا للطغاة، ولا لسجن الكلمات، ولا للإرهاب الاسلاماوي الذي حصد رسامي الكاريكاتير في شارلي ايبدو، ومنذ عام اغتال داعش ستة صحفيين سوريين من بينهم صديق عزيز في تركيا كانوا مناهضين للأسد ولداعش.

لن يكون هناك قصائد بلا حرية، ولن يكون عالماً حراً طالما في سجون الأسد وغيره، عشرات الكتاب والصحفيين والفنانين.

لدي أمل بالحرية.

SAID, mein Freund,
ich glaube nicht, dass ich Aleppo oder Syrien so vorfinden
werde wie sie einst waren. Syrien wird anders sein oder vielleicht auch nicht. Ich bin kein Nostalgiker. Aber alles, was wir Syrer wollen, ist
ein demokratisches Land. Ein Land, das nicht von einer Ma-
fia-Familie regiert wird, und in dem auch nicht die Brachial-
gewalt von Daish/des IS oder der Hisbollah herrscht.
Ich sprach von Aleppo. Die Stadt ist frei von Daish. Denn vor
drei Jahren haben sich die Assad-Gegner dort erhoben und
die IS-Faschisten aus der Stadt vertrieben. Und deshalb sind
– wie ich glaube – Assad und Putin jetzt mit einem Dauer-
Bombardement gegen sie vorgegangen. Offensichtlich
braucht jeder Tyrann den Gegen-Terror, um seine Existenz
vor der Weltöffentlichkeit zu legitimieren.
Ich denke nicht, dass Du oder irgend ein anderer freier Iraner
sich für das iranische Regime schämen muss. Ich mache einen
klaren Unterschied zwischen diktatorischen Regierungen
und Völkern. Ich muss an die Grüne Revolution im Iran denken, die von der Revolutionsgarde unterdrückt wurde. Unser
aller Augen waren auf den Aufstand gerichtet in der Hoffnung, er würde den Iran von der Diktatur befreien. Doch leider wurde er zerschlagen.
Als freiheitsliebende Individuen ist es unser Los, nicht zu
schweigen, wenn das Wort gefordert ist.
Wir müssen uns klar aussprechen gegen Faschismus, gegen
Tyrannei, gegen die Unterdrückung der Redefreiheit, gegen
den islamistischen Terror, auf dessen Konto die Ermordung
der Karikaturisten von Charlie Hebdo geht wie auch die von
sechs syrischen Journalisten in der Türkei vor einem Jahr, da-
runter ein enger Freund von mir, die sowohl Assad- als auch
Daish-Gegner waren.

* * *

قرابين لألهة متعددة

كنت يافعاً حينَ شاهدّتُ حملاً يذبح قرباناً للرب .
العيون الزائغة وهي ترتجي الخلاص، الزفرة، الشهقة، تخبّط الاقدام
لمحاولة أخذ النَفَس .
خرخرة الدم في الحنجرة .
كانت بركة الدم تتسع أكبر من مساحة الجسد،
ثم يأتي الذباب الأزرق،
يمصُّ الدمَ المجبول مع التراب .
بعد برهة يعمُّ سكونٌ مريح لعينين معلقتين في الامل . .
يتكرر ثم يُعتادْ
يُكرر ويُعتادُ أكثر .

قرابين لألهة متعددة

كنت يافعاً حينَ شاهدّتُ حملاً يذبح قرباناً للرب .
العيون الزائغة وهي ترتجي الخلاص، الزفرة، الشهقة، تخبّط الاقدام
لمحاولة أخذ النَفَس .
خرخرة الدم في الحنجرة .
كانت بركة الدم تتسع أكبر من مساحة الجسد،
ثم يأتي الذباب الأزرق،
يمصُّ الدمَ المجبول مع التراب .
بعد برهة يعمُّ سكونٌ مريح لعينين معلقتين في الامل . .
يتكرر ثم يُعتادْ
يُكرر ويُعتادُ أكثر .

Ohne Freiheit gibt es keine Gedichte. Und solange in Assads Gefängnissen Schriftsteller, Journalisten und Künstler festgehalten werden, ist die Welt nicht frei. Ich habe die Hoffnung auf Freiheit.

*   *   *

Opfer für diverse Götter

Als Jugendlicher erlebte ich, wie ein Schaf geopfert wird
für Gott.
Verlorene Augen hoffen auf Rettung, Seufzen, Keuchen,
    Strampeln aus Atemnot, röchelndes Blut in der Kehle.
Eine rote Lache am Boden,
sie wächst über die Körpergrenzen hinaus.
Blaue Fliegen kommen,
saugen an dem Gemisch aus Blut und Sand.
Dann kehrt Ruhe ein in den Augen,
die am Faden der Hoffnung hingen.
Die Szene wiederholt sich, man gewöhnt sich daran,
mit jeder Wiederholung gewöhnt man sich mehr.

BRIEF 2

Flehen der Hoffnung

Sie versammeln sich zum Singen,
stampfen beim Tanzen auf im Takt.
Auf den Himmel ist kein Verlaß,
seit sie von Feld und Land vertrieben wurden
Sie heben die Hand in die Höhe
als prosteten sie den Sternen zu.
Auf den rissigen Lippen Lieder und Flehen.
Flüchtlinge ohne Ziel –
im zerschlissenen Mantel heimgezogen
vom Wind, der über verlassenen Feldern singt,
und zugleich ins Exil getrieben
vom Flehen der Hoffnung.

جهاتك الست

ساومتُ الدرب على خطاك،
أعطيته رنة الخلخال على كاحلك
ووهبني خرائطَ جهاتِك الستْ.
وفي سبيلي اليك
راودتني حكمةَ المشرقيّن القدماء،
كلما أضاعوا الدرب،
عافوا الخرائط،
واهتدوا بالنجم.
فَرَميت خلفي،
ما قايضني الدرب به لقاء جَرسِ خطوك،
وتَبعتُ كواكبَ نمشِك المزركش على الخد
ونارَ المجوسِ على الفم.

Deine sechs Himmelsrichtungen

Ich handelte mit dem Weg um deine Schritte.
Ich gab ihm das Rasseln deines Fußreifs
und er mir dafür den Atlas deiner sechs Himmelsrichtungen.
Unterwegs zu dir
überkam mich die Weisheit der alten Orientalen.
Hatten sie sich einmal verirrt,
dann legten sie die Karte aus der Hand
und ließen sich leiten von den Sternen.
Also warf ich fort,
was ich für den Klang deiner Schritte bekommen hatte,
und folgte dem Gestirn der Sommersprossen auf deinen Wangen
und dem magischen Feuer deiner Lippen.

البشر

يتعلَّمُ البشر
أن يغدوا لاحمين
منذ تُفطمُ أفواههم
عن أثداء الأمهات .
تنبتُ الأسنان فالقواطع، ونابان
وأول مايكزُّ الإنسان حُلمةَ أمّه،
ثم يتقنُ كما المشي والكلام،
كيف ينزُّ الدمُ على الناب،
وبجواره يهللُ الضاحك
لجثةٍ مممددةٍ في حساء .

Der Mensch

Der Mensch wird zum Fleischfresser,
kaum ist sein Mund
von der Mutterbrust entwöhnt.
Ihm wachsen Milchzähne und Eckzähne.

Erst presst er die Brustwarze der Mutter aus,
dann lernt er mit dem Laufen und Sprechen,
den Eckzahn in Blut zu tauchen,
während der Backenzahn daneben lechzt
nach der Leiche in der Suppe.

salam yamen,
ob du aleppo so findest, wie du die stadt kennst, hängt von
deinen augen ab.
die geschichte hat uns – dir und mir – die handlungsfreiheit
genommen.
über uns und unsere länder wird bestimmt –
wir werden nicht befragt.
schlimmer noch:
man läßt uns die alternative zwischen einer korrupten familie
und den terroristen des is.
ich bin tief überzeugt, wir hätten eine andere alternative verdient.
doch unter diesen umständen müssen wir nun an unseren
augen arbeiten.
wir müssen sie trösten und sie vorbereiten –
für das kommende.
denn wir wissen, das kommende wird hart sein für unsere
augen. wie auch immer der krieg in syrien ausgeht, an wel-
chem tisch auch immer die machthaber eine entscheidung
treffen –
man spricht bereits von den garantiemächten.
wir müssen unserem auge zuflüstern, was es alles verloren
hat.
und das werden wir tun – auch mit der poesie.
nicht als beruhigungsmittel, sondern als eine quelle der kraft
für kommende tage.
denn ohne poesie gibt es keine freiheit.
salamat

zu meinen reichtümern gehören zwei behausungen
zwischen ihnen verlegte madame histoire
eine ebene viele lichter und eine geste
dort das domizil genügsam und tapfer
das zuhause hier
zuweilen fürchte ich
sie könnten sich gegen mich verschwören
aber mit der zeit sind meine häuser
zwei alte kinder geworden
sie wollen nur ergötzlich sein
und niemandem gehören

ترحال الكلام

العزيز سعيد،

أوافقك الرأي بأنّ على الانسان ألا يغرق في الشكوى، وأن لا يجلس مكتوف اليدين ويغرق في الإحباط.

لذا أدرّب عيني وروحي على رؤية أوسع، على اكتشاف مكامن الجمال في الاشياء البسيطة والتفاصيل الصغيرة، اللغة الالمانية مثلاً على ضخامتها، اليعاسيب الصغيرة قرب فرع من نهر اللإيزر. وذاكرتي الغضة الطرية عن ضحكة أبي، وزهور البادية ورشاقة الهواء يمشط سنابل القمح.

أدرب روحي ألا تنسى جمالاً ِألفتهُ في بلدي وأن تتسع لجمال جديد ومختلف هنا.

في غمرة كل هذا أجد أنه لابد لنا من القول (لا) للطغيان والإحباط.

فرغم كل الأحداث السلبية في العالم ثمة دائماً ضوء وأمل.

يوم واحد بعد تنصيب ترامب مع ما يمثلة من خطر على الديمقراطية، كانت ملايين النساء تتظاهرن في الولايات المتحدة وتعطين رسالة لكل العالم بأن الأمل لم يُفقد بعد.

Das Wandern der Worte

Lieber SAID,

Du hast recht. Der Mensch sollte nicht den Mut verlieren und sich tatenlos im Lamento ergehen.

Deshalb trainiere ich Augen und Seele, damit sie schärfer sehen und die verborgene Schönheit entdecken in den einfachen Dingen und Details. Die deutsche Sprache zum Beispiel in ihrer ganzen Macht und Größe. Die kleinen Bienen am Nebenarm der Isar. Die wohlige Erinnerung an das Lachen meines Vaters. Die Steppenblumen. Der stramme Wind, der das Korn kämmt.

Ich trainiere meine Seele, damit sie nicht die Schönheit vergisst, die ich in meinem Land kennen gelernt habe. Und damit sie die neue, andere Schönheit hier aufnimmt.

In der Fülle all dessen müssen wir jeder Tyrannei und Verbitterung ein entschiedenes »Nein« entgegenhalten.

Trotz aller negativen Ereignisse auf der Welt gibt es stets Licht und Hoffnung.

Einen Tag nach der Amtseinführung Trumps samt der Gefahren, die er für die Demokratie bedeutet, haben Millionen von Frauen in den USA demonstriert und der Welt eine Botschaft überbracht: die Hoffnung ist noch nicht verloren.

ثروتي مكتبتان
صغيرتان
رفوفٌ من خشب مثبّتٍ على الجدار
كأن الكلام تَعِبٌ،
يُسندُ ظهره الى الحائط .
وبين مكتبتيَّ هاتين،
آلاف الكيلومترات وعشرة أعوام وحقول وحبيبات .
الأولى، تركتها خلفي
تحرسُ الورق القديم
وههنا واحدةٌ صغيرةٌ
تكبرُ على مهل .
أنا والكتب لا مأوى دائمٌ لنا . .
ولا يزعجنا الأمر،
فالكلمات وأنا، نهوى الترحال
وأن لا نملك شيئاً
وأن لا يملكنا أحد .

Mein Schatz sind
zwei kleine Bibliotheken,
Holzregale, befestigt an der Wand.
Die Worte scheinen müde zu sein,
lehnen sich wohl deshalb ans Gemäuer.
Und zwischen den beiden Bibliotheken
Tausende Kilometer, zehn Jahre, Felder und Frauen,
    die ich liebte.
Die erste Bibliothek ließ ich zurück,
sie wacht über das alte Papier,
und hier wächst nun eine kleine
langsam heran.
Ich und die Bücher,
wir haben kein festes Zuhause,
aber das stört uns nicht,
denn die Wörter und ich lieben es
zu wandern,
nichts zu besitzen
und nicht besessen zu werden.

روليت

ستملُّ الأرضُ عن الدوران يوماً
بعد أن رماها أحدُ اليائسين
في لعبة الروليت وانتظرْ.
إنه يحبس أنفاسه الآن في السماء.
وأنا هنا – على الأرض– تتعاقب عليَّ الفصول:
في الربيع أقشُّرُ لك الثلجَ عن المروج.
وأهديكِ صيفاً، ماء الينابيع لتغسلي كاحلك من تراب الحقول
وفي كلَّ الشتاء أحشو مخزن مسدسٍ بقصيدة، وأدوّره،
أسدِّد فوهته إلى رأسي .. وانتظر
أربعةٌ وثلاثون عاماً أنقذني خلالها الحظ والشعرُ من الموت،
لكن لم ينقذاني من الحنين
إلى رائحتكِ في تعاقب الفصول.
يوماً ما ستملُّ الأرض عن الدوران،
وسأملُّ حينها من حشو المسدس بالكلام.

Roulette

Eines Tages wird die Welt es leid sein, sich zu drehen.
Dann nämlich, wenn ein Verzweifelter
sich ins Rouletterad geworfen hat
und wartet
mit angehaltenem Atem im Himmel.
Und ich hier – auf der Erde – erlebe,
wie die Jahreszeiten aufeinander folgen.
Im Frühling schäle ich dir den Schnee von der Weide.
Im Sommer schenke ich dir Quellwasser,
dass du dir den Staub von den Knöcheln wäschst.
Im Winter lade ich den Revolver mit einem Gedicht
und lasse die Trommel rotieren,
dann setze ich mir den Lauf an den Kopf und warte.
Vierunddreißig Jahre lang haben mich Glück und Poesie
        vor dem Tod bewahrt,
doch sie bewahrten mich nicht vor der Sehnsucht
nach deinem Duft im Wandel der Jahreszeiten.
Eines Tages wird die Welt es leid sein, sich zu drehen,
dann werde auch ich es leid sein,
meinen Revolver mit Wörtern zu laden.

salam yamen,

freilich wird der mut auch durch die schönheit geboren.

die schönheit bereichert uns, bewaffnet uns für harte tage.

die anderen waffen überlassen wir den machthabern und der rüstungsindustrie in ost und west.

wer die schönheit vergißt, verliert auch bald den mut.

und hier tritt das wort auf, unser wort – ich spreche nicht von diversen tiraden der machthaber –,

sondern von einer literatur, die wir produzieren, um mehr schönheit zu schaffen.

unser auge kann sich auch – und besonders – auf die deutsche literatur konzentrieren.

sie hat mich in den schlimmsten jahren getröstet. nach der machtergreifung chomeinis, in denen viele meiner freunde ermordet wurden – im namen gottes.

als könnte man den gott lieben und seine geschöpfe hassen.

vielleicht sollte unser auge auch eine andre stadt suchen, ohne aleppo oder teheran zu vergessen.

eine fiktive stadt nur für unser auge, nur für unser wort.

* * *

die stadt

sie lehnt die erde ab und meint jede berührung mit ihr
sei eine abwärts gerichtete zärtlichkeit
sie überläßt ihre toten den einheimischen tieren
und ihre gebeine den fremden winden
ihre grenzen sind verseuchte mülldeponien
die zu festungen mutiert sind
die stadt lebt von den fortgegangenen
und vom fleisch ihrer erzählungen
dem fremden wird an der grenze ein wort beigebracht
fortan pflegt er seine verblendung
die einwohner lassen sich verleugnen
sie tragen kein organ mehr zur bespitzelung
der heimkehrer wird in ein glashaus gestellt
mit einem maulkorb und muß sich alles anhören
die stadt lauscht vergnügt dem klagelied der blinden
nachts wandert sie durch ihre gassen
und achtet auf die schritte der fremden

عزيزي سعيد،

في الواقع أظنّ أنّ الشعر أيضاً ينفع كتبادل نخبين، لذا أرفع لك الشعر نخباً.

قبل اسبوع سافرت إلى فيينا، هذه هي المرة الأولى التي أخرج فيها من المانيا رغم وجودي هنا منذ سنتين. لا أدري السبب الذي دفعني لتفضيل البقاء في هذا البلد كل هذه المدة دون التفكير حتى بزيارة ايطاليا أو اسبانيا مثلاً، حيث الشمس أكثر حقيقةً وأكثر رأفة.

لم أكتشف الكثير في فيينا وخاصة أنهم يتكلمون اللغة ذاتها وأطباق الطعام تكاد تكون ذاتها والبرد ذاته.

كتبت خلال هذه الرحلة نصين الأول حصل معي وأنا ذاهب في طريقي إلى محطة القطار في ميونخ بالقرب من المارين بلاتز.

والثاني كتبته في فيينا.

غريبين

قرب نافورة الماء
طلب مني عشر سنتات
أعطيته بعد تفكير وجيز.
نظر فيها،
فركها كمن يقرص وجنة الحالم ليصحو،
ثم رماها في الماء.
قلت ألم تكن تحتاجها؟!
— « لا، أرمي أمانيّ
في ماء المدن الغريبة،
وعلى الغرباء مثلي
أن يدفعوا ثمن الحلم. »

Lieber SAID,
Ich glaube, man kann auch mit Gedichten gute Wünsche
überbringen. Deshalb trinke ich mit Poesie auf dein Wohl.
Vor einer Woche fuhr ich nach Wien. Zum ersten Mal habe ich
Deutschland verlassen in den zwei Jahren, die ich schon hier
bin. Keine Ahnung, warum ich lieber im Land bleiben wollte
und nicht einmal mit dem Gedanken spielte, nach Italien oder
Spanien zu reisen, wo die Sonne viel gegenwärtiger und
freundlicher ist.
Ich habe nicht viel Neues entdeckt in Wien. Dort wird die
gleiche Sprache gesprochen, mehr oder weniger das gleiche
gegessen, und es ist dort genauso kalt.
Auf der Reise schrieb ich zwei Texte. Der erste kam mir auf
dem Weg zum Münchener Bahnhof nahe des Marienplatzes
in den Sinn. Der zweite entstand in Wien.

Zwei Fremde

Beim Springbrunnen
bat er mich um zehn Cent.
Ich überlegte kurz und gab sie ihm.
Er betrachtete die Münze,
rieb sie,
wie um einen Schlafenden aus dem Traum zu wecken,
und warf sie ins Wasser.
Ich fragte, ob er sie nicht brauche.
»Nein, ich werfe meine Wünsche
ins Wasser fremder Städte,
dann müssen andere Fremde
den Traum bezahlen.«

المدن المؤقتة

سنمكث في هذه المدينة قليلاً نطعم طيورها، نألف وجوه ناسها،
نَذرَعُ الشوارع بخطونا المتردد،
ثم ندير ظهرنا دون التفات، ونعاود الكرّة في مدنٍ لاحقة.
ثم ماذا يصير لو عدنا إلى مدننا الأولى؟
لن تكون ذاتها
لن نحملَ لها الغفران
ولا هدايا العائدين
لا شيء حقيقي إلا: نحن، الآن، وهنا.

Städte auf Zeit

Wir verweilen ein wenig in dieser Stadt, füttern die Vögel,
die hier zu Hause sind, gewöhnen uns an die Gesichter der
Einheimischen, durchstreifen zaghaft die Straßen. Dann
kehren wir ihr – ohne Blick zurück – den Rücken und
wiederholen das Spiel in der nächsten Stadt.
Aber was, wenn wir zur ersten Stadt zurückkehren?

Sie wird nicht dieselbe sein,
wir bringen ihr nichts mit,
keine Vergebung,
keine Geschenke.
Nichts ist wahrhaftig,
nur das Wir, Hier, Jetzt.

salam yamen,
nun warst du in einer anderen stadt, wo auch deutsch gesprochen wird, und hattest die möglichkeit, auch hier unterschiede zu erkennen.

hast du welche festgestellt?

in meinem letzten brief sprach ich von der möglichkeit, eine andere stadt zu suchen – ohne aleppo oder teheran zu vergessen.

dieses unterfangen gelingt einem aber nur, wenn man sich voll zu seiner liebe bekennt – zu seiner stadt.

in jedem winkel unseres auges sitzt eine schönheit von teheran, in jedem gang unseres ohres lauert eine besonderheit von aleppo.

nur mit diesen gaben sind wir fähig, andere städte kennenzulernen, ohne sie a priori abzulehnen.

die liebe zu unserer heimat wird fortan kein hindernis, sondern der antrieb sein für eine suche, zu der wir verurteilt sind.

zuweilen sucht die geschichte einen zick-zack-kurs – zumindest für unser empfinden.

um uns auf diesen weg zu begeben, brauchen wir jene bilder, die unsere kindheit begleitet haben.

*   *   *

linien und räume ohne wiederkehr
und dann meine augen
die eine kindheit bewahren
– ein leben ohne verkleidung –
noch heute sucht mich die nacktheit
in erzählenden worten
denn die dinge
die meine haut bewachten
sind fortgegangen
den akt danach
nennt man üblicherweise selbstbehauptung

العزيز سعيد،

أتمنى أن تكون بخير وسعادة مع هذه الشمس المشرقة في ميونخ، نعم لقد عدت من فيينا ولاحظت كم هي المدن متنوعة وتتمتع كل واحدة منها بفرادتها وخصوصيتها رغم أن اللغة واحدة وربما طراز البناء.

لقد تعلمت منذ كنت صغيراً أن أتفرّد فأكون أنا، لا قوميتي ولا ديني ولا كنيتي ولا مدينتي. لا أنكرها بالطبع ولكن لا أتشبث بشيء ولا أخاف المدن الجديدة لذا أنا حر، ولدي شغف اكتشاف الجديد، هذه وسيلتي لأرمم الخراب وأبني وطناً جديداً في قلبي.

ولدّت لعائلة يسارية علمانية أتت من قرية في البادية، وسَكَنت حمص. بين القرية والمدينة بنيت عوالمي وذاكرتي وبها أتعرّف على الاشياء الجديدة. حلب كانت بالنسبة لي وربما للسوريين عاصمة للأصوات الجميلة والغناء، فكل من أراد أن يغني ذهب إلى حلب، إضافة إلى طعامها اللذيذ المذاق، وقدَمها من بين مدن العالم، لذلك يكسر القلب ويدميه تدميرها بالقنابل وتهجير أهلها قسراً.

مدينتي حمص تشتهر بالضحك والنكات، كنا نصنع النكت الساخرة كوسيلة لمقاومة البشاعة، نصنع نكات عن سكان المدن الأخرى ولكن نستهلها بنكات عنّا نحن الحماصنة كيلا تصبح نكاتنا عنصرية، وإذا لم نجد من نصنع نكتةً عنّه نصنع عن ذواتنا. أتت هذه العادة منذ القديم واسمح لي أن اسرد الحكاية . .

اجتاح القائد التتري تيمورلنك عام ١٤٠٠ ميلادية، كلاً من بلاد فارس وبغداد ثم اجتاح حلب واستباحها وأحرق مدنها وفي طريقه الى العاصمة دمشق كان عليه المرور في حمص فتنادى أهل حمص للتداول في هذا الخطر الداهم المقبل مع الجحافل التي أحرقت الأخضر واليابس ليجدوا حلا للمأزق كان في غاية الطرافة فاتفقوا على بث إشاعة مفادها أن ماء المدينة ملوث ويصيب من يشربه بالجنون وتم استقبال جيوش التتر في صورة هزلية فارتدى أهل حمص أزياء غريبة الشكل مضحكة وراحوا يتفننون في الظهور بمظهر هزلي فعلقوا القباقيب على صدورهم كنياشين واعتمروا الجرار المكسورة واضعين أقراطا في آذانهم بأشكال مختلفة وبدأوا يرقصون في استقبال الجيش بتهريج مفرط بالهزل وبالحركات البهلوانية. وفعل ذلك المشهد الهستيري فعله ورسم علامات الدهشة على وجوه تيمورلنك ورجاله فخاف المكوث طويلا في المدينة وقدّر أن وقته اثمن من أن يضيعه مع هؤلاء المجانين. ونجا الحماصنة بقليل من الجنون (الذكاء) المُدَعى وتجاوزوا بطش الباطشين بهذا المشهد الذي أتقنوا تمثيله. وهكذا كانت حمص المدينة الوحيدة التي نجت، وللأسف في هذا الوقت لم تنجو رغم ظرافة أهلها، فدمّر ٨٠ بالمئة منها.

ومازال حتى يومنا هذا كل اربعاء من كل اسبوع هو يوم المجانين أو يوم الحماصنة حيث تلقى النكات أو يتصرف الناس في حمص بعفوية مضحكة.

Lieber SAID,

ich hoffe, Du bist wohlauf und glücklich, da die Sonne so herrlich scheint in München. Ja, ich bin aus Wien zurück und habe sehr wohl bemerkt, dass die beiden Städte recht unterschiedlich sind. Jede hat ihren spezifischen Charakter, obwohl in beiden die gleiche Sprache und vielleicht auch die gleiche Architektur vorherrscht.

Schon als Kind habe ich gelernt, mich abzusondern, um ich selbst zu sein. Das heißt nicht, dass ich meine nationale Zugehörigkeit, Religion, Familie und Stadt verleugne. Nein, es ist so, dass ich mich an nichts klammere und keine Angst vor neuen Städten habe. Deshalb bin ich frei. Ich entdecke leidenschaftlich gern Neues. Das ist meine Methode, Zerstörtes wieder instand zu setzen und ein Zuhause im Herzen aufzubauen.

Ich wurde in eine linksorientierte, säkulare Familie hineingeboren. Sie stammte aus der Steppe und ließ sich in Homs nieder. Zwischen Dorf und Stadt schuf ich mir meine eigene Welt und meine Erinnerungen, durch die ich das Neue kennen lerne. Aleppo war für mich und vielleicht für Syrer allgemein die Hauptstadt der schönen Klänge und des Gesangs. Jeder, der singen wollte, ging nach Aleppo. Einmalig an der Stadt ist auch ihre Kochkunst. Und sie zählt zu den sehr alten Städten der Welt. Deshalb bricht es mir das Herz zu sehen, wie sie zerbombt und entvölkert wird.

Meine Heimatstadt Homs ist bekannt für ihren Humor. Mit Lachen trotzten wir dem Abscheulichen. Wir erzählten einander Witze über die Bewohner anderer Städte, leiteten sie aber mit Scherzen über uns selbst ein. So hatten unsere Späße nichts Diskriminierendes. Und gab es niemanden, über den man sich hätte lustig machen können, dann zogen wir uns selbst auf. Seit alters her war das so. An dieser Stelle möchte ich eine Geschichte erzählen.

Im Jahr 1400 n. Chr. nahm der tatarische Heerführer Timur Lenk den Iran ein, dann Bagdad und Aleppo. Er plünderte

die Städte und brannte sie nieder. Auf dem Weg zur Hauptstadt Damaskus musste er durch Homs. Als das brandschatzende Heer unaufhaltsam näher rückte, versammelten sich die Bewohner der Stadt, überlegten, wie sie sich schützen könnten und kamen auf eine äußerst geistreiche Idee. Zuerst setzten sie das Gerücht in die Welt, das Wasser in der Stadt sei verseucht und jeder, der davon trinke, verliere den Verstand. Dann verkleideten sie sich. Sie banden sich Holzpantoffeln als Schilde vor die Brust, setzten sich zerbrochene Krüge auf den Kopf und hängten sich seltsame Gehänge ins Ohr. In diesem grotesken Aufzug, wild tanzend und Possen reißend empfingen sie die Armee. Eine verrückte Szene. Timur Lenk und seine Männer konnten nicht fassen, was sie da sahen, und zogen gleich weiter. Bei solch Wahnsinnigen wollten sie keine Minute länger bleiben. Damit waren die Homser vor dem Tyrann der Tyrannen gerettet. Ihr Geheimrezept: Eine Prise Verrücktheit, man kann es auch Klugheit nennen. Homs entkam als einzige Stadt. Heute dagegen entkommt nicht einmal sie, obwohl ihre Bewohner nach wie vor gewitzt sind. Über 80 % der Stadt sind zerstört. – Aber bis heute gilt der Mittwoch als Tag der Verrückten, als Tag der Homser. Da erzählt man sich Witze und ist spontan bis zur Komik.

ضفة لنهر الإيزر

أهجسُ بدوارِ الطفولة
الذي ينتابني في المدن الجديدة
عيناي زورقان يرسوان في موانئ الألفة
فأدير دفة القلب لأرسو
وافتح للضوء أشرعة أهدابي
أبني بالكلام مقاهي وبساتين تفاح
وأشيّد على ضفاف نهر الذاكرة
حلماً جديدا.
لا أنسى ملاعب الطفولة،
وفي كل أرض جديدة أصير طفلاً يولد
ثم يسألني صوتٌ في رأسي
« ماذا تريد ان تصبح عندما تكبر؟! »
إنني في الثالثة أو الرابعة والثلاثين ولا متسع للأماني
« مع ذلك ماذا تريد أن تصبح عندما تكبر؟! »
أريد أن أصبح الضفة اليمنى لنهر الايزر
حيث تستلقي زجاجات البيرة لتبرد
وترتعش الأجساد من بللي،
بالترحاب استقبل الحصى القادم من مسافات بعيدة
كأني محطة سفر.
سأغدو ضفة هذا النهر
وفيَّ تفترس النوارس الوقحة
سمكاً حياً يفترس سمكاً نافقاً.
وحيث الماء أكثر حكمة وتمهلاً من انجراف قرينه في الوسط
وكلما بال كلب في مائي
حككت ظهري بحجر الشط
وكلما مرت صبية بقربي
خضّبني وحلُ القعر.

Das Ufer der Isar

Kindlicher Taumel
befällt mich in neuen Städten,
meine Augen:
zwei Boote, vertaut im Hafen,
ich steuere das Herz zum Ankerplatz,
die Wimpern setze ich wie Segel,
lasse das Licht herein.
Aus Wörtern errichte ich Cafés und Apfelhaine,
baue an den Ufern des Gedächtnisses
einen neuen Traum,
vergesse nicht den Tummelplatz der Kindheit,
werde in jedem neuen Land neu geboren,
dann fragt mich eine Stimme im Kopf:
»Was willst du werden, wenn du groß bist?«
Ich bin drei- oder vierunddreißig,
kein Raum mehr für Wünsche.
»Trotzdem. Was willst du werden, wenn du groß bist?«
Ich möchte das rechte Ufer der Isar sein,
die Seite,
an der Bierflaschen gekühlt werden
an der mein Nass die Körper erzittern lässt,
bereitwillig empfange ich die Kiesel,
die von weit her kommen,
wie eine Reisestation.
Ich werde dieses Ufer sein,
in mir verschlingen dreiste Möwen
lebende Fische, die Fische verschlingen,
das Wasser ist weiser und bedächtiger als der Strudel in der Mitte,
pisst ein Hund in mein Wasser,
dann reibe ich mir den Rücken an einem Uferstein.
geht aber eine junge Frau an mir entlang,
dann färbt mich der Schlamm vom Grund dunkel.

salam yamen,
du sprichst von glück, von sonne.
ich widerspreche.
in diesem jahr werde ich 70, 53 jahre davon habe ich fern der
sonne verbracht.
ich habe gelernt, daß das glück die sonne entbehren kann.
und ich weiß nicht, was das glück ist.
oder soll ich sagen, ich weiß es nicht mehr?
siehst du, die parameter des lebens verändern sich mit der
zeit, mit der erfahrung.
vorausgesetzt, man hält die augen offen und betrachtet die
welt.
und das habe ich leider getan.
leider, weil das andere leichter wäre.
mit geschlossenen augen durch die welt zu gehen oder zu
kriechen.
aber dies habe ich nie gelernt.
und mir scheint, auch du wirst das nie lernen.
arthur koestler schreibt:
»wer das wort empfängt, erfährt furchtbares dadurch.«
und du schreibst:
»Bereits als Kind habe ich gelernt, mich abzusondern, um ich
selbst zu sein.«
ich meine, ihr widersprecht euch nicht.
das wort, das uns beflügelt, ist zugleich das joch um unseren
hals.
einige zeilen später schreibst du, daß du frei bist.
diesmal widerspreche ich nicht, ich hinterfrage:
bist du frei?
du weißt, was ein flüchtling ist?
ein mann, der alles verloren hat bis auf seinen akzent.
und er muß viel arbeiten, bis er frei wird.
ich bitte dich:
denk daran.

*   *   *

die stadt fließt
zwischen der zeit und ihren gemäuern
und entgeht den augen der pilger
dämmerung und hyänen bewachen ihre grenzen
und sie läßt sich ein
auf mein gedächtnis
auf die membrane hinter meinen lidern
ob sie dann meinen blick zurückgibt?

العزيز سعيد

أسعدتني رسالتك جداً لأنها فتحتْ باب الأسئلة في ذهني

هل ترى كيف أنّي أصبحت سعيداً؟

(الأسئلة والتفكير يجعلاني كذلك)

أعتقد أن التفرّد والحرية والعينين المفتوحتين،

سماتٌ للإنسان الحر، المتصالح مع ذاته ربما .

حين كنتُ يافعاً حرّضتني الأسئلة حول الله، الإنسان، الضمير.

لم يكن سهلاً أن أحصل على جواب

وبالطبع لا أملك جواباً مطلق

حتّمت عليّ الظروف السياسية أن أتّخذ قرارات مصيرية وخطرة على مستقبلي

وعائلتي، اعتقلتُ وخسرتُ جامعتي بسبب مقال كتبته،

لاحقاً لوحقتُ لأني رفضت العمل في بروباغندا النظام السوري وقلت رأيي الحر

ربما وضعت أهلي في خطر داهم، وخسرت امكانية رؤيتهم مرة أخرى

إلا أن ذلك، ورغم قساوته، لا يجعلني أندم أني قلت رأيي

هذا ربما كان جوابي على سؤالي الذاتي حول الضمير .

هل أنا حر؟

أعلم أنّي حر، بقدر ما أستطيع أن أكون أنا،

أن أكتب وأفكر كما أريد، دون رقابة إلا ضميري

لا دار النشر ولا سياسة التحرير في مجلة

لا سلطة دينية أو سياسية،

ولا رقابة الصورة النمطية أيضاً، التي تصوّر أنّ الكاتب اللاجئ يكتب فقط في

مواضيع الحرب واللجوء والمنفى

هذا ربما ما يجعلني أقلق أحياناً في المانيا

أخاف أن يتم تقدير نصي بأنه نص جيد فقط وفقط، لأن من كتبه هو لاجئ أو

كاتب منفي يجب مساعدتهُ

هذه ستكون قمة الإهانة التي لن أرضاها،

وأرفضها .

هل أنا حر؟!

ليس هناك جواب نهائي

مازلت خائف من الغد ربما، وألا أستطيع لقاء والدي مرة أُخرى،

من الوحدة أحياناً .

ومازالت هناك الكثير من الأسئلة برأسي

الخوف نقيض الحرية أيضاً، لذا فإنّ جوابي ليس نهائياً

لكن تعلمت أن أكون شجاعاً حين طرح الأسئلة

Lieber SAID,

über Deinen Brief habe ich mich sehr gefreut, denn er hat in
mir so einige Fragen aufgeworfen.
Kannst du sehen, wie ich mich freue?
(Fragen und Grübeln haben diese Wirkung auf mich)
Sich abzusondern, nach Freiheit zu streben und die Augen of-
fen zu halten, sind − wie ich glaube − die Merkmale eines
freien Menschen, der mit sich selbst im Reinen ist.
Als Jugendlicher trieben mich Fragen über Gott, den Men-
schen und das Gewissen um.
Es war nicht leicht, Antworten zu finden.
Und die, die ich fand, sind gewiss nicht absolut.
Aufgrund der politischen Umstände war ich gezwungen, ei-
nige existentielle Entscheidungen zu treffen, die für meine
Zukunft und meine Familie gefährlich sind.
Wegen eines Artikels, den ich verfasste, wurde ich verhaftet
und von der Universität verwiesen. Dann wurde ich verfolgt,
weil ich mich nicht in den Dienst der Staatspropaganda stel-
len lassen wollte und mich auf meine freie Meinung berief.
Vielleicht habe ich meine Familie in Gefahr gebracht und die
Möglichkeit verspielt, sie wiederzusehen. Das beantwortet
wohl meine Frage zum Gewissen.

Bin ich frei?
Ich weiß, dass ich frei bin,
solange ich ich selbst sein kann.
Solange niemand − außer meinem Gewissen − mein Schreiben
und Denken zensiert,
kein Verlag, keine Redaktionspolitik,
keine religiöse und keine politische Macht,
auch nicht das Klischee, dass geflüchtete Schriftsteller über
nichts als Krieg, Flucht und Exil schreiben.
Dies beunruhigt mich manchmal in Deutschland.

أحاول وربما أفشل
لكن لن أندم أني سلكت هذا الطريق
ولا أندم بالذات على رأي قلتهُ،
وربما كان الصمت حينها سينجيني من الهرب من بلدي،
وربما كنت سأكافئ من قبل النظام،
لكن الشيء الوحيد الذي أفتخر فيه
هو أنني قلت للظلم لا .
وسأفعل ذلك وأكرره .

هل انا كلاجئ ومنفي سأكون حراً؟
لا يخجلني موضوع اللجوء،
ولا أركنُ للشكوى
الطريق صعب؟! نعم أدرك ذلك
أدرك أيضاً أني بحاجة للعمل الكثير
وعليّ تخطي الكثير من العقبات
لكنّي أعتقد أنني مررت بما هو أصعب
حين كانت تنهمر القنابل بقرب مخبأي بدمشق،
حين كانت عناصر الأمن تعذب صديقي حتى يدلهم على مكان سكني،
لقد جاورت الموت في دمشق وفي طريق هربي
لحمي مسّته شظايا الصواريخ مرةً ونجوت
سأنجو هنا . . أعتقد وآمل
هل أنا حر؟!
أعمل لأجل ذلك
أكتب لأجل ذلك
وسأقوم بأي عمل يحفظ كرامتي ويصونها من أن أطلب مساعدة
هو تحدي . . علي أن أقبله بعينين مفتوحتين وقلب جسور . .
سأتذكر

Ich fürchte, dass man meine Texte nur deshalb für gut befindet, weil sie von einem Flüchtling oder Exilautor stammen, dem man helfen zu müssen meint.

Das wäre für mich der Gipfel einer Kränkung, die ich nicht akzeptiere, die ich ablehne.

Bin ich frei?

Darauf gibt es keine definitive Antwort.

Ich fürchte mich immer noch vor dem Künftigen,
davor, meinen Vater vielleicht nie mehr wiederzusehen,
und bisweilen vor der Einsamkeit.

Viele Fragen schwirren mir durch den Kopf.

Angst ist der Gegensatz von Freiheit. Deshalb ist meine Antwort nicht definitiv.

Aber ich habe gelernt, den Fragen mit Mut zu begegnen. Zumindest versuche ich es, vielleicht misslingt es mir.

Aber ich bereue nicht, diesen Weg gegangen zu sein.

Und ich bereue nicht, meine Meinung geäußert zu haben.

Hätte ich den Mund gehalten, dann hätte ich vielleicht nicht mein Land verlassen müssen,
vielleicht hätte mich das Regime sogar belohnt.

Jedenfalls ist das einzige, worauf ich stolz bin,
dass ich dem Unrecht widersprochen habe.

Und das werde ich auch wieder tun.

Werde ich als Flüchtling und Exilant frei sein?

Ein Flüchtling zu sein, beschämt mich nicht.

Ich ergehe mich nicht in Klagen.

Ein schwerer Weg? Ja, das weiß ich.

Ich weiß auch, dass ich viel arbeiten,
viele Hindernisse überwinden muss.

Aber ich glaube, ich habe Schwereres durchgemacht,
als in Damaskus um mich herum die Bomben einschlugen.

Als die Sicherheitskräfte meinen Freund folterten, um herauszubekommen, wo ich mich versteckt halte.

المدينة

تلوك المدينة عمالها صباحاً
وتتقيأهم عند العصر إلى الضواحي والأرياف .
تَفرغُ الشوارعُ والحدائق عند المساء
كل سكان بلوكات الإسمنت ناموا
ليستيقظوا باكراً
إلى دورة الانتاج .
تشيخُ المدينة ليلاً
أسمع دبيب النمل يخرج من ثقب في جدار الماكدونالد
يجمع دهن الحيوانات النافقة
يصادفني عند رجوعي من الحانة محلات كبيرة مغلقة
أقرأ على واجهاتها
بالعربية والفارسية وغيرها كلمات الترحيب،
يأسُ اللغات يصير
حين لا تستعمل إلا للترحيب بمحافظ النقود .
هذا وجهٌ واحد للمدينة
لكن ثمة ما يُخبرُ قلبي أن ثمة جمالاً مختبئاً
يدعو للابتسام .
أفتحُ يديَّ لعناق الهواء،
ولتحية العصافير التي تبني بين شقوق الإسمنت أعشاشها
وتعيد دورة الحياة .
أفتح قلبي لأرى
الطريق .

In Damaskus und auf der Flucht habe ich dem Tod ins Auge
geblickt.
Ich wurde von Bombensplittern getroffen und überlebte.
Auch hier werde ich überleben. Das glaube und hoffe ich.
Bin ich frei?
Ich arbeite hart dafür, schreibe dafür
ich werde alles tun, um meine Würde zu bewahren und nie-
manden um Hilfe bitten zu müssen.
Das ist eine Herausforderung. Ich nehme sie an
mit offenen Augen und mutigem Herz.
Ich werde daran denken.

Die Stadt

Sie schlingt am Morgen die Arbeiter in sich hinein
und speit sie nachmittags aus
in die Peripherie der Randbezirke.
Am Abend sind Straßen und Gärten wie leergefegt.
Die Bewohner liegen in den Betonklötzen,
schlafen,
stehen am nächsten Tag früh auf,
steigen wieder ins Hamsterrad.
Nachts altert die Stadt,
ich höre die Ameisen,
sie krabbeln bei McDonalds aus der Wand,
machen sich über das Fett der gebratenen Tiere her.
Auf dem Heimweg von der Kneipe komme ich an
        Kaufhäusern vorbei, die noch geschlossen sind.
Ich lese an den Schaufenstern Willkommensgrüße auf
        Arabisch, Farsi und in anderen Sprachen.
Bitter für die Sprache, wenn sie nur noch dazu dient,
        den Börsen Geld zu entlocken.
Das ist eine Seite der Stadt,
aber irgendetwas sagt mir:
hier verbirgt sich auch Schönes,

مساومة

في طريق البيت
أزجّي الوقت الملول
بحكّ النسر الراقد على ليرة
في جيبي الدافئ
كنت قد اصطحبتها معي من البلاد
وفي طريقي إلى البيت – وهذا ليس بيتي –
أوقظ جناحي طائر الحديد
المتخم بالجثث النافقة
وبقتلى الذكريات
وقبل أن أصل المشارفَ،
أرميه
كتابة / نقش
وأنسى في كل مرة
الإلتفات إلى وَقعه على الأرض،
وأغفل أن أرى مَن فاز .

das zum Lächeln bewegt.
Ich breite die Arme aus, umfange die Luft,
begrüße die Vögel, die in kleinen Ritzen im Beton nisten
und den Kreislauf des Lebens erhalten.
Ich öffne mein Herz und sehe
den Weg.

Feilschen

Auf dem Weg nach Hause
verkürze ich mir die Zeit,
ich befühle
in der warmen Jackentasche
den Adler auf der Münze,
die ich aus meinem Land mitgebracht habe.
Auf dem Weg nach Hause – nicht mein Zuhause –
erwecke ich die Flügel eines metallenen Vogels,
der voll ist mit Leichen
und den Opfern der Erinnerung.
Und bevor ich ankomme,
werfe ich die Lira in die Luft
– Kopf oder Zahl –
und vergesse jedes Mal nachzusehen,
wie sie gefallen ist
und wer gewonnen hat.

salam yamen,
ich habe keinen zweifel:
unsere korrespondenz tut gut –
zumindest mir.
du bist ja erheblich jünger und erst seit kurzem im exil; genau
deswegen kann ich von dir viel lernen.
ich lerne neue fragen.
sind sie nicht die voraussetzung für neue einsichten?
und die brauchen wir heute dringender denn je.
das unrecht bleibt vielleicht konstant, aber nicht seine wirkung. denn die menschen sind verschieden – den göttern sei
gedankt.
und, die frage nach gott, mensch und gewissen –
auf die gibt es keine antwort.
was wäre das für ein gott, den wir sofort finden könnten?
nicht das ziel, der weg ist entscheidend.
wir sollten dankbar sein, wenn wir unsere fragen formulieren
können.
dann wären wir einen schritt weiter –
in unsere richtung.
denn schrecklich wäre der moment, wenn wir uns vergessen
würden.
dann würden die anderen triumphieren.
deswegen müssen wir gegen alle klischees kämpfen.
der markt hätte es gerne, wenn wir nur »exilautoren« wären.
dagegen müssen wir kämpfen genauso konsequent wie gegen
das staatslob.
denn was ist ein autor, der einen staat hinter sich hat?
bestenfalls ein diener.
unsere pflicht ist es, gegen die macht zu schreiben –
für eine bessere zukunft.
und davor müssen wir uns sogar fürchten –
das ist die garantie gegen die korruptheit, die von allen seiten
angeboten wird.
scham?

gewiß, aber eine innere.
ich habe mich nie geschämt, daß ich ein flüchtling bin.
dafür müssen die anderen sich schämen –
die die flucht erst nötig gemacht haben.
aber die machthaber haben kein schamgefühl, sie haben
gewissheiten –
ziemlich viele.
und was besitzen wir?
unsere würde, schreibst du.
ja, wir bewahren unsere würde, weil wir ein schamgefühl
haben.
ist dieses gefühl nicht die quelle unserer revolte?

* * *

die tapferen häuser in meinen gedichten überstehen
folter und flucht
revolutionen und sonstige kapricen der zeit
mit ihrem gedächtnis aus mörtel
bleiben sie im lande
und warten auf das zwielicht
die tapferen häuser in meinen gedichten verrühren
die gassen der kindheit
mit dem himmel der verbannung
erregt warten sie auf ihren schwellen
den weg vor der tür besprengen sie mit wasser
und murmeln beschwörungen der wiederkehr
die tapferen häuser in meinen gedichten behaupten
sie seien nicht verwundbar
und würden noch lange aushalten
bis der fremde nach hause kommt

العزيز سعيد،

سوف يحتاج كلانا إلى المعرفة؛ تلك الفاكهة اللذيذة التي لا يرتبط مذاقها بأعمارنا، ولا باختلاف أمزجتنا.

في هذا الطريق الطويل من أرحام أمّهاتنا إلى رحم الأرض، نتعلّم أشياءً، نقتني أفكاراً وأحلاماً، نتخلّى عن بعضها في هذا الطريق، نتعثّر، نبتسم، نحزن، نقع في الحب، نكره أحيانا.

إنّ معنى حياتنا برأيي هو في امتلاك الأسئلة حتى لو لم نُجاب؟!

شخصيًا، لا أحبّ أن أمتلك أجوبة مطلقة، لأنّي حينها، سأفقد متعة البحث.

أجد بشكل ملحّ اليوم أنّنا نحتاج إلى تطوير قدراتنا على حساسيّتنا للإبداع والإحساس والفعل – الفعل بالكتابة ربّما – يفقد عالم اليوم جزءاً من إحساسه بالعدل ويتحوّل البشر إلى آلات متبلّدة. هل يجوز التعميم؟! لا، ولكن مع أحداث العالم كان ثمّة دائماً، أو أقلّه في القرنين الأخيرين، توحُّشاً للبشريّة مقابل صمتٍ مطبقٍ حول العالم، منذ آوشفتز وحتّى تيانمين مروراً بفيتنام، وغيرها.

هل يناضل الشعراء بكتابة نصوص مباشرة أو خطب حماسيّة؟! بالطبع لا. لكنّ عليهم، كما كل المشتغلين في الثقافة، مكافحة النسيان والصمت أيضا. أكثر ما يخيف هو أن تكون كلّ هذه الآلام التي دفعها المدنيّون في معسكرات الإعتقال النازيّة قبل ٧٠ عاماً أو مؤخّرا في سجن صيدنايا قرب دمشق، حيث أفادت منظمة العفو الدوليّة عن شنق النظام السوريّ لـ ١٤٠٠٠ معتقل. أكثر مايخيف أن تكون كل هذا الآلام مجانيّة، أو أن تثمر تكراراً لذات التوحّش البشريّ. هذا غير عادل وسيودي بالبشريّة إلى الهاوية.

هل نقف مكتوفي الأيدي ويقتصر دورنا على عدّ الضحايا؟! بالطبع لا.

تحويل حيوات البشر لمجرد أرقام أمرٌ كارثيٌّ ومرعب.

يقول ميلان كونديرا: «نضال البشر ضدّ السلطة، هو نضال الذاكرة ضد النسيان». على الفنّ إذاً، كما أظنّ، أن يوثّق هذا الألم كما في الغارنيكا. إذا لم ننسَ، وهذا واجبنا الأخلاقيّ، سنطوّر قدراتنا أن نكتشف أيضاً مكامن الجمال في أبسط التفاصيل؛ الزهرة التي مررت قربها اليوم، غداً ستكون أجمل، لن أراها بذات العينين، عيناي متغيّرتان للجمال يوميا، وتواقتان له.

أحد الكتّاب والمفكرين السوريّين يدعى ياسين حاج صالح اعتقل لأسباب سياسيّة في ثمانينيّات القرن الماضي وأمضى ١٦ عاماً في سجون النظام السوريّ. كما اعتُقلت زوجته وتدعى سميرة الخليل في ذات الفترة لمدّة أربعة سنوات، لاحقاً لجأت إلى مناطق سيطرة المعارضة السورية بعد اندلاع الثورة عام ٢٠١١ هرباً من بطش النظام، وكانت تساعد النساء والأطفال على التعلم والعمل، لتخطفها منذ قرابة ثلاث سنوات إحدى الفصائل الاسلاميّة المتطرفة، كما اختطف أحد اخوة ياسين من قبل داعش. رغم فداحة الكارثة، إلا أنّه

Lieber SAID,
wir beide brauchen die Erkenntnis, jene süße Frucht, deren
Geschmack nicht an das Alter und auch nicht an Stimmungen
gebunden ist.
Auf der langen Reise aus dem Mutterleib auf die Erde lernen
wir vieles. Wir haben Ideen und Träume. Einige geben wir
unterwegs auf; wir stolpern, lächeln, trauern, lieben, und
bisweilen hassen wir.
Den Sinn des Lebens sehe ich darin, Fragen zu stellen – auch
wenn sie unbeantwortet bleiben.
Ich mag keine absoluten Antworten, denn sie rauben den Ge-
nuss des Suchens.
In der heutigen Zeit müssen wir dringend unsere Sensibilität
trainieren um der Kreativität, des Fühlens und des Handelns
willen. Das Handeln mag das Schreiben sein. Die heutige
Welt hat ein Stück weit ihr Gerechtigkeitsempfindens verloren, die Menschen sind abgestumpft, zu Maschinen mutiert.
Darf man verallgemeinern? Nein. Doch in Anbetracht der
Entwicklungen auf der Welt hat sich immer schon, insbeson-
dere aber in den letzten beiden Jahrhunderten eine Verrohung der Menschheit gezeigt bei gleichzeitigem Schweigen
über das Geschehen. Auschwitz, Vietnam, Tiananmen etc.
Wirken die Dichter dem entgegen, indem sie Schriften und
Reden verfassen? Gewiss nicht.
Trotzdem: Sie müssen – wie alle Kulturschaffenden – gegen
das Schweigen und das Vergessen ankämpfen. Am meisten
fürchte ich, dass der Schmerz umsonst gewesen sein soll. Der
Schmerz, den die Gefangenen der Faschisten von vor 70 Jahren oder von heute erlitten haben. Im Saidnaya-Gefängnis
nahe Damaskus hat das syrische Regime jüngst, wie Amnesty
International berichtete, 14000 Gefangene erhängt. Am meisten fürchte ich mich davor, dass all der Schmerz umsonst gewesen ist und dass die menschliche Grausamkeit sich wiederholt. Das ist ungerecht und treibt die Menschheit in den Ab-
grund.

يكتب يوميّاً ويقرأ يوميّاً، الكتابة تعطيه طاقة للاستمرار. الثقافة والفنّ يمكن لهما أن يكونا سلاحين فعّالين في وجه الكره والظلم. يقول ياسين حاج صالح : « لانكافح لأن هناك كفالة تاريخية أو إلهية بأن يثمر الكفاح عدالة وحرية وكرامة لنا ولغيرنا، نكافح لأنه ليس هناك كفالة. لأن الكفاح هو الكفالة الوحيدة. »

Sollen wir tatenlos zusehen? Soll sich unsere Rolle darauf beschränken, die Opfer zu zählen? Sicher nicht. Dass Menschleben auf bloße Zahlen reduziert werden, ist grauenhaft. Ist eine Katastrophe.

Milan Kundera sagte:»Der Kampf des Menschen gegen die Machthaber ist der Kampf des Gedächtnisses gegen das Vergessen.« Die Kunst muss also, so denke ich, den Schmerz dokumentieren wie in Guernica. So vergessen wir nicht. Und das ist unsere moralische Pflicht. Wir werden uns darin üben, die verborgene Schönheit in den einfachen Dingen zu erkennen. Dann wird die Blume, an der ich heute vorbeikomme, morgen umso schöner sein. Dann werde ich sie nicht mit denselben Augen sehen. Meine Augen nehmen die Schönheit jeden Tag neu wahr, verändern sich mit ihr.

Der syrische Schriftsteller und Intellektuelle Yasin Al Haj Salih wurde in den 80er Jahren des letzten Jahrhunderts aus politischen Gründen verhaftet und brachte 16 Jahre im Gefängnis der Staatsmacht zu. Auch seine Frau wurde für vier Jahre ins Gefängnis gesperrt. Nach dem Ausbruch der Revolution 2011 floh sie vor der Staatstyrannei in die von der syrischen Opposition kontrollierten Gebiete. Sie unterstützte Frauen und Kinder beim Arbeiten und Lernen. Vor etwa drei Jahren wurde sie von einer islamistischen Gruppierung entführt. Einer der Brüder von Yasin wurde vom Daish/dem IS, entführt. – Dennoch schreibt Yasin unbeirrt. Jeden Tag kann man Texte von ihm lesen. Das Schreiben verleiht ihm Kraft, hilft ihm durchzuhalten. Kunst und Kultur können eine wirksame Waffe gegen Hass und Unrecht sein. – Yasin Al Haj Salih sagte:»Wir kämpfen nicht, weil es eine historische oder göttliche Garantie dafür gibt, dass der Kampf uns und den anderen Gerechtigkeit, Freiheit und Würde einbringt. Wir kämpfen, weil es keine Garantie gibt. Weil der Kampf die einzige Garantie ist.«

الطيور النزقة في قصائدي
تنجو من التعذيب ومن الأسلحة الكيميائيّة
تنجو ايضاً من الصيادين،
الباحثين عن التسلية .
تبني لها على حطام الكلام أعشاشاً .
في الشوارع، وعلى الجبهات، يشّيد الجنود المتاريس
وعلى الحدود، يبني السياسيون الجدران
أمّا في كلام القصائد، طيوري لا حدود لها
تنقرُ النجوم بمناقيرها الصغيرة .
وتطعم صغارها كواكب ومجرّات .
وأنت؟ اسأل نفسي !
أكتب لأنسى، أكتب لأتذكّر .
يحملني الكلام خفيفاً إلى بيوت الطين في قريتي
مشيِّدة على ضفاف أنهار التغريبة .
القصيدة، تصبح أحياناً قمحاً لخبز الجياع
أو أنثر كلامها ملحاً على الجليد أمام البيوت
حتى لاتتزحلق خطاي عند الإياب .
طيور قصائدي خائفة، وأنا ايضاً
مع ذلك نزعم أن تحليقنا لن يوقفه رصاص الصيادين
ولا متاريس الجنود
ولا جدران السياسيين على الحدود .

Die flinken Vögel in meinen Gedichten
entkommen der Folter und den chemischen Waffen,
entkommen denen,
die zum Spaß jagen.
Meine Vögel nisten auf den Trümmern der Wörter.
In den Straßen und an der Front errichten Soldaten Barrikaden,
an den Grenzen bauen Politiker Mauern,
doch in den Gedichten gibt es keine Schranken,
meine Vögel picken nach den Sternen,
füttern ihre Jungen mit Gestirnen und Planeten.
Und du? Frage ich mich.
Ich schreibe, um zu vergessen,
schreibe, um mich zu erinnern.
Die Wörter tragen mich ins Dorf zu den Lehmhäusern
an den Ufern der Verbannung.
Gedichte sind manchmal das Brot für die Hungrigen
oder ich streue ihre Wörter wie Salz auf das Eis
vor dem Haus,
damit ich nicht ausgleite bei der Heimkehr.
Die Vögel meiner Gedichte sind verängstigt. Ich auch.
Trotzdem behaupten wir, dass uns nichts aufhält,
nicht die Schüsse der Jäger,
nicht die Barrikaden der Soldaten
nicht die Mauern der Politiker an der Grenze.

salam yamen,
oh doch, die erkenntnis ist nicht unabhängig von raum und
zeit –
und somit nicht vom altern.
die summe der ideen und träume + die reaktion der außen-
welt = erkenntnis.
auch wir sind nur in raum und zeit zu verstehen –
für die anderen, aber auch für uns selbst.
und schreiben ist handeln.
auch hier gilt es, die bedingungen von zeit und raum zu
beachten.
das wort braucht zuweilen sehr viel zeit, bis es die masse
erreicht –
mag es anfangs auch nur für eine handvoll menschen geschrieben worden sein.
denke an babi jar, jenes legendäre gedicht von jewgeni jewtuschenko. mit diesem gedicht hat der autor die lüge der sowje-
tischen historiographie entblößt. sie hat die ermordeten von
babi jar als partisanen bzeichnet. in wahrheit waren sie juden,
die von der wehrmacht massakriert wurden.
die welt hat durch jewtuschenko von dieser schande erfahren –
das wort greift ein in die geschichte.
und vergiß bitte nicht:
der verrohung der menschen geht die verrohung der sprache
voraus.
gerade jetzt sind wir zeugen dieser verwandlung.
und ich widerspreche dir noch einmal:
kein schmerz ist umsonst. denn nichts geht in der welt verloren, auch der schmerz nicht.
und dennoch, die grausamkeit wiederholt sich, immer wieder – seit nero.
unsere aufgabe ist es, sie immer wieder zu demaskieren,
unaufhörlich, selbst wenn wir belächelt werden.

daß menschen auf bloße zahlen reduziert werden, ist ein kol-
lateralschaden des marktes und seiner gesetze.

dagegen hilft das gedächtnis, jener gott, der uns nie verraten
hat.

wer sein gedächtnis bewahrt und auf sein wort achtet, der
wird vielleicht verachtet oder ausgegrenzt. aber ist gerade dadurch imstande die verborgene schönheit ans tageslicht zu
bringen.

das medium hierfür ist das wort, unser wort.

laß uns darauf achten.

*   *   *

herr
laß uns das gespräch wieder aufnehmen
nach langem erzwungenem schweigen
nachdem du deine geschöpfe denaturiert hast
in auschwitz
in hiroshima
in halabdsche
in srebrenica
gehst du nun auf die knie vor den opfern?
und vor den tätern auch?
und glaubst du
daß wir die versuchung zu einer noch radikaleren liebe
    überstehen
ohne dein wort?

العزيز سعيد،

أتمنى ألا يكون الألم مجانياً، وأرجو أن أكون على خطأ وأن تكون أنت على صواب.

ولتكن كلمتنا جسراً، ومأوى لكل اولئك المعذبين، علّنا ننقذهم من مدائح الرثاء، وبرودة الأرقام.

لربما نستطيع ولو بالكلمات أن نعطي لأنفسهم الراحة، ولضمائرنا.

لسنا سياسيين بالطبع، لكن هذا لا يعني أن نفتقد حس الرفض لكل ماهو جائر وقاسي.

الآن وبالأمس البعيد، وفي الغد.

الكلمة، الفن، الموسيقى عليها أن تكون جسراً في زمن الحدود، وأن تحوّل الموت إلى استثناء والحياة إلى القاعدة.

نُهزَم أحياناً، ويخبو نورنا في أحيان كثيرة.

إلا أن ثمة ما ينجينا من الإنكسار ويبعث فينا روحاً متجددة لنقاوم هذا الموج العاتي للكراهية والموت بأسلحة اليورانيوم والفوسفور الأبيض، والقتل في حروبهم المقدسة تارة بعمامة الخلافة وتارة بصولجان من يباركون الطائرات التي تطير لتقصف الأطفال.

من ملجأ العامرية في بغداد إلى حلب

ومن سربنيتشا إلى حلبجة

لعل العالم يرجع أليفاً. علينا أن نبقي على جرعة الأمل حتى لانسقط في الخذلان وأن نعمل لأجل غد أفضل لغيرنا، ولنا، للجميع.

كما رددنا في مظاهراتنا في دمشق وقبلها في تونس ومصر والبحرين واوكرانيا وطهران.

حرية، وعدالة، وكرامة لنا ولغيرنا

هتاف الأبدية هذا لن يهزم، يمرض ويضعف ربما، ولكن لا يموت.

التاريخ يعيد نفسه صحيح، ولكن ليس فقط بالمآسي، بل بمصير الطغاة أيضاً ذهب نيرون وبقيت روما، وكذلك ستالين وهتلر وفرانكو ذهبوا إلى قعر التاريخ .. تبقى القصائد، المدن، الأشجار، وضحكات الأولاد.

Lieber SAID,
ich hoffe, der Schmerz ist nicht umsonst. Es wäre zu wünschen, dass ich mich irre und du recht behältst.

Unser Wort soll eine Brücke sein und ein Zufluchtsort für die Gepeinigten. Vielleicht können wir sie ja retten vor dem falschen Lob in Nachrufen und vor der Kälte der Zahlen.

Vielleicht können wir − und sei es mit Worten − ihrer Seele Frieden schenken und unserem Gewissen auch.

Wir sind keine Politiker, und das heißt, dass wir Unrecht und Brutalität eben nicht widerspruchslos hinnehmen.

Sprache, Kunst und Musik müssen zur Brücke werden im Zeitalter der Grenzen. Sie müssen den Tod zur Ausnahme und das Leben zur Regel machen.

Manchmal scheitern wir, oft erlischt unser Licht.

Doch es gibt etwas, das uns vor dem Zerbrechen bewahrt, das uns neuen Geist einhaucht, damit wir den hohen Wellen des Hasses und dem Tod durch Bomben aus Uran und Phosphor trotzen können. Und dem heiligen Krieg − gleich ob im Gewand des Kalifats oder unter der Ägide derer, die Bombenabwürfe auf Kinder segnen.

Vom Schutzbunker im al-Amiriya Viertel Bagdads bis Aleppo.

Von Srebrenica bis Halabdscha.

Vielleicht wird die Welt ja wieder menschlicher. Wir müssen am Tropf der Hoffnung festhalten, damit wir nicht untergehen vor Enttäuschung. Wir müssen für eine bessere Zukunft kämpfen − um unserer selbst und der anderen willen.

Genau so, wie wir auf den Demonstrationen in Damaskus gerufen haben. Und davor in Tunesien, Ägypten, Bahrain, in der Ukraine und Teheran:

Freiheit, Gerechtigkeit, Würde für uns und die anderen.

Diese Forderungen, bestimmt für die Ewigkeit, sind unbesiegbar. Sie mögen vielleicht mal schwächeln oder kränkeln, aber sind unsterblich.

Die Geschichte wiederholt sich, das stimmt. Aber nicht nur die Tragödien, auch das Schicksal der Tyrannen. Nero ging

أيها الرب
نحن عيالك الطيبون
لم يأتنا من سمائك حيث تغفو
إلا قنابل الطائرات وقذائف المدافع
كذلك الثلج والبرد، على خيام اللاجئين
ونبوءات الفاشيين،
يقتلون ويقطعون الأطراف تقرباً منك .
يا رب نريد أن ننظر في السماء لنرى بهائك
دون أن نخشى هدير الموت
ونريد أن نصدق أنك تحبنا نحن أبنائك
كما أحببناك .
اعذرنا إن أكثرنا الشكوى،
لو وددت قرأنا لك قصائد في الحب
ونكاتً مسلية، ربما عنك .
لو تنزل من سمائك إلى مائدتنا المتواضعة، لقاسمناك الخبز والنبيذ
وعاتبناك كيف تركتنا أمام هذه الوحوش الحديدية
ثم طلبت منا الصبر .

unter, Rom blieb. Stalin, Hitler, Franco sanken auf den Grund
der Geschichte. Überdauert haben die Gedichte, Städte,
Bäume und das Lachen der Kinder.

Herr,
wir sind deine guten Kinder,
von dem Himmel, in dem du schlummerst, erhalten wir
nur Bomben und Raketen,
Schnee und Frost – auf die Zelte der Flüchtlinge –
und die Prophezeiungen von Faschisten.
Sie töten und metzeln, um dir näher zu sein.
Herr,
wir möchten in den Himmel schauen
und deine Herrlichkeit erblicken,
ohne den Tod fürchten zu müssen.
Wir möchten glauben,
dass du uns – deine Kinder – liebst
so wie wir dich lieben.
Vergib uns unser Klagen.
Wenn du möchtest, lesen wir dir Liebesgedichte vor
und erzählen dir lustige Witze, vielleicht auch über dich.
Würdest du aus deinem Himmel steigen und dich zu uns
	setzen an unsere bescheidene Tafel, dann würden wir
	Brot und Wein mit dir teilen.
Und wir würden dich fragen,
wie du uns allein lassen konntest
mit diesen Monstern aus Eisen
und zugleich Geduld von uns abverlangst.

salam yamen,
nein, der schmerz ist nicht umsonst.
aber er macht den menschen nicht besser.
ich habe in meinem leben viele politische gefangenen betreut
und weiß, daß der gefangene durch folter nicht besser wird –
wie sollte er auch.
auch der verfolgte ist nicht gefeit vor dem atavismus.
siehe israel, ein land, das praktisch durch die verfolgten gegründet wurde –
und dieses land unterdrückt die palästinenser.
gewiß erinnerst du dich an das gedicht von erich fried, selbst
jude und vertrieben.

> »höre, israel
> als wir verfolgt wurden
> war ich einer von euch
> wie kann ich das bleiben
> wenn ihr verfolger werdet?«

fried wurde in jerusalem von juden bespuckt für dieses
gedicht.
er fiel aber nicht um, er hielt fest an seinem wort.
ein zufluchtsort auch gegen die kälte der zahlen und der bomben.
unsere haltung sollte die regel sein –
was auch immer der tod mit uns vorhat.
und, kriege sind nie heilig, in wessen namen sie auch auftreten.
man kann nicht den gott lieben und seine geschöpfe massakrieren –
an diese botschaft müssen wir uns halten.
nur dann haben wir die kraft, nach vorne zu denken mit
unserer waffe –
dem wort.

ich weiß, du weißt auch, daß die mehrheit uns auslacht
wegen dieser maxime –
im zeitalter von zahlen und populisten.
aber ich halte mich an den gemeinsamen freund, an friedrich
hölderin:
»was bleibet aber, stiften die dichter.«
laß uns altmodisch sein und an unserer waffe festhalten.
und laß uns keine guten kinder gottes sein –
denn auch gegen ihn und seine knechte müssen wir wachsam
bleiben.

*   *   *

furchtsame götzen
übergossen mit seide
beäugen aus ihrem versteck
ob das brennholz für einen gott reicht
während sich die bebenden in den staub werfen
bis der blinde gehorsam sie berührt
pfähle dienen hinfort dem gesetz
holt dann das gebet die kulisse ein?

العزيز سعيد،

قرأتُ رسالتك الأخيرة عدة مرات، وأتفق معك فيها بها بشدة، نعم لا يمكن أن نكون كضحايا محصّنين من الرجعية، وربما خلال سنوات الحرب في سورية عاينا كثيراً من الضحايا الذين سقطوا في هذا الشرَك، وكان هذا الأمر عنواناً لنقاش عام ودائم بين كتاب ونشطاء سوريين، بضرورة التيقظ وعدم الإستسلام للشكوى والمظلومية، لإنها ستكون بوابة لخلق وحوش جديدة، مع عدم الوقوع في فخ ظاهرة استوكهولم أيضاً، والتي أيضا عايشتها من خلال سجناء رأي خرجوا من السجون مفتونين بالجلاد.

مثالك الذي قلته عن اسرائيل شديد الوضوح والدقة. الأرقام تتحدث عن نفسها: لقد عاينّاه مع مليون لاجئ فلسطيني في سورية وحدها، إضافة لتشريد عدد كبير من السوريين من مرتفعات الجولان المحتلة من قبل إسرائيل. التضحيات الكبيرة لليهود في معسكرات النازية لا تمنح إجازة لإسرائيل بقمع الفلسطينيين واذلالهم بجدران عازلة وتحويل حياتهم إلى جحيم، وقراهم إلى سجون كبيرة. هذا ينبغي أن يقال لإسرائيل بشكل واضح وعدم محاباتها، وعدم الخوف من الاتهامات كتلك التي اتهمت فيها حنة أرندت حين كتبت تفاهة الشر.

تم تعذيب عدد كبير من الناس في سجن أبو غريب على يد قوات الأمريكية وانتهكت كراماتهم بالاغتصاب والإيهام بالغرق والتبول عليهم، تحول عدد من هؤلاء الضحايا إلى قادة في داعش، بالتأكيد لا تمنحهم عذاباتهم في سجن ابو غريب صك غفران عن صنع هذا التنظيم المتوحش، رغم الفظائع التي ارتكبتها القوات الامريكية في العراق وقتلها مليون عراقي ومثلهم من الأفغان. خبرت هذا الامر في سورية، وكوني أنتمي الى الاقلية العلوية والتي ينتمي إليها الطاغية بشار الأسد إضافة الى معظم ضباط الجيش والمخابرات، معتقدين أن اضطهادهم في سنوات غابرة يجيز لهم التفاخر بقتل الأطفال، لقد شهدت احتفالات العديد من جيراني السابقين بمنظر الجثث المشوهة للمتظاهرين وكان من بين هؤلاء المحتفلين أصدقاء طفولة وأقارب، كان هذا دافعاً أكبر لأرفض هذه الممارسات مهما اتُهِمتُ بالخيانة أو أني «كاره لذاتي». الركون إلى المظلومية يصيب البشر بلوثة الطغيان.

إن خير تكريم يمكن أن نصنعه كبشر هو أن لانسمح بتحويل ألامنا الى أداة للتبرير أو امتياز، وأن نسعى لتحقيق العدالة لنستطيع أن نغفر، لأجلنا علّنا ننسى هذا الألم، قبل أن نغفر لأجل غيرنا.

ولاتوجد حروب مقدسة حتى لو غُلفت باسم الرب وأُلبِسَت عمامة الإمام وصولجان الراهب.

ختاماً في نهاية هذا المشروع الرائع، اسمح لي أيها الصديق العزيز أن أقول أنَه كان وقتاً عظيماً بالنسبة لي وتعلمت الكثير منك، وحفّز هذا المشروع في

Lieber SAID,

ich habe deinen letzten Brief mehrmals gelesen. Du hast recht. Nichts schützt uns vor Atavismus. Viele sind ihm zum Opfer gefallen, wie sich in den Kriegsjahren in Syrien gezeigt hat. Unter syrischen Schriftstellern und Aktivisten wurde rege debattiert, dass man wachsam sein müsse; sich nicht in Selbstmitleid und im Opfer-Sein suhlen, da dies nur neue Bestien hervorbringe; und man solle sich hüten, dem Stockholm-Syndrom zu erliegen. Tatsächlich konnte ich beobachten, dass manche Ex-Gefangene voller Bewunderung von ihrem Folterer sprechen. Das Beispiel Israel, das du anführst, bringt es präzise auf den Punkt. Die Zahlen sprechen für sich: Eine Million palästinensische Flüchtlinge allein in Syrien und jede Menge Syrer, vertrieben aus dem von Israel besetzten Golan. Dass die Juden von den Nazis vernichtet wurden, rechtfertigt nicht das Unrecht gegen die Palästinenser. Rechtfertigt nicht, dass sie unterdrückt, gedemütigt und hinter eine Trennmauer verbannt werden, dass ihnen das Leben zur Hölle gemacht wird und ihre Dörfer in große Gefängnisse verwandelt werden. Das muss man Israel offen und ehrlich sagen, ohne gleich unter Verdacht zu geraten wie Hanna Arendt für ihr Werk »Die Banalität des Bösen«.

Im Abu Ghraib-Gefängnis haben US-Soldaten Gefangene gefoltert, vergewaltigt, unter Wasser gehalten und auf sie uriniert. Manche dieser Gefangenen sind zu Daish-Anführern geworden. Gewiss ist das erfahrene Leid keine Entschuldigung für die Schreckenstaten dieser brutalen Organisation – trotz aller Verbrechen, die das amerikanische Militär im Irak und in Afghanistan verübt hat und die über 2 Millionen Menschenleben gefordert haben.

Ähnliches habe ich – ein Angehöriger der alewitischen Minderheit, zu der auch der Tyrann Baschar al-Assad und ein Großteil der Offiziere im Militär und Geheimdienst zählt – in Syrien erlebt. Viele Alewiten glauben, das Leid, das sie in

خاطري الكثير من الاسئلة، كما خلق بقلبي أملاً بغد يكون أفضل. لقد أثرتني كلماتك عظيم الثراء، وأجد نفسي ممتناً لكل من ساهم في هذه الفرصة، والتي عرفّتني بأشعارك، وهنا عظيم الامتنان للمترجمين ليلى شماع وكنان خداج، لقد كانا جسرين للكلمات والشعر.

سأحمل معي هذه التجربة دائماً، وسأظل أتعلم منها، على أمل أن أستطيع قريباً تذوق شعرك باللغة الألمانية وكذلك الأدب الألماني بلغته الأصلية.

وأن يأتيَ يوم قريب أستطيع فيه دعوتك مع كل من عرفتهم هنا في المانيا واسطنبول إلى سورية حرة لشربَ نخب من النبيذ، لعل حينها لايبقى من الحرب سوى الذكريات ومن الطغيان سوى عبرة؛ أنّ لا يتكرر. ولنحافظ على الأمل، ذلك الذي كتب عنه الشاعر فرج بيرقدار أثناء سنوات اعتقاله في سجن صيدنايا:

«طائرٌ واحدٌ يكفي
لكي لاتسقط السماء»

grauer Vorzeit erfahren haben, erlaube ihnen, sich mit dem Morden von Kindern zu brüsten. Etliche Male habe ich erlebt, wie meine damaligen Nachbarn sich über den Anblick entstellter Leichen von Demonstranten freuten und dies festlich feierten. Unter den Feiernden waren Jugendfreunde und Verwandte von mir. Ich reagierte mit Widerwillen und Protest, mußte in Kauf nehmen, dass ich des Verrats und des Selbsthasses bezichtigt wurde.

Sich zum Opfer oder zu etwas Besonderem zu stilisieren, ist eine Haltung, die mit der Unterdrückung anderer einhergeht. Wollen wir als Unterdrückte positiv wirken, dann dürfen wir nicht zulassen, dass unser Schmerz zum Instrument von Rechtfertigung und Selbstverherrlichung wird. Wir müssen Gerechtigkeit walten lassen, um vergeben zu können – um unser selbst willen. Vielleicht vergessen wir den Schmerz, bevor wir vergeben – um der anderen willen.

Es gibt keinen heiligen Krieg, auch wenn er im Namen Gottes geführt wird – egal ob im Gewand des Imam oder mit dem Bischofsstab.

Zum Abschluss dieses Dialogs möchte ich dir, lieber Freund, sagen, dass es für mich eine wunderbare Zeit war. Ich habe viel von dir gelernt. Die Korrespondenz mit dir hat in meinem Kopf viele Fragen angeregt und in meinem Herzen die Hoffnung auf eine bessere Zukunft genährt. Deine Worte haben mich überaus bereichert. Ich danke allen, die in dem Projekt mitgewirkt und mich mit deinen Gedichten bekannt gemacht haben. Mein ganz besonderer Dank gilt den Übersetzern Leila Chammaa und Kenan Khadaj. Sie waren die Brücke für unsere Worte und Gedichte.

Diese Erfahrung wird mich weiterhin begleiten. Auch im Nachhinein werde ich daraus lernen. Ich hoffe, dass ich Deine Gedichte und die deutsche Literatur bald im Original genießen kann. Und ich hoffe, dass der Tag kommt und ich all die Menschen, die ich in Deutschland und in Istanbul kennen gelernt habe, in ein freies Syrien einladen kann, und wir zusam-

صدى

نجوتُ لكن البلاد لا
وأقيم في مدينة عامرة
فوق ركام مدينة مدمرة
أسأل هل نجوت فعلاً؟
أم أن الناجين العابرين
فوق حطام منازلهم المهشمة،
وخراب الطرقات
يصيبهم عرجٌ في الخطو
والتواءٌ في كاحل القلب
. . .
أسأل ولا يرد إلا الصدى

men Wein trinken. Vielleicht bleiben dann vom Krieg nur noch die Erinnerungen und von der Tyrannei nur noch die Mahnung, dass sich so etwas nie wiederholen darf. Lass uns die Hoffnung bewahren, die der syrische Dichter Faraj Bayrakdar während seiner Haft im Saidnaya-Gefängnis so beschreibt:»Ein einziger Vogel genügt,/damit der Himmel nicht stürzt.«

Echo

Ich bin gerettet, das Land aber nicht
ich wohne in einer Stadt voller Leben
auf den Trümmern einer zerstörten Stadt
und frage mich: Bin ich wirklich gerettet?
Oder können die Geretteten
auf den Trümmern ihrer Häuser
und Straßen
nur nicht mehr gehen?
Vor Lähmung
und weil ihr Herz zusammengefallen ist
...
Ich frage
und bekomme als Antwort nur das Echo

Das Writers-in-Exile Programm des Deutschen PEN ist ein Stipendienprogramm für verfolgte Schriftseller, das von der Bundesregierung finanziert wird. Es ist ein Programm der besonderen Art, denn wir, die Mitglieder dieser internationalen Schriftstellerorganisation, die sich weltweit für die Freiheit des Wortes einsetzt, fühlen uns mit unseren Stipendiaten, ganz gleich woher sie kommen, durch die berufliche Tätigkeit des Schreibens verbunden. Wir versuchen Kolleginnen und Kollegen, die aufgrund ihres Schreibens in ihren Herkunftsländern verfolgt, malträtiert, eingekerkert, gar gefoltert wurden, in Deutschland Schutz und Zuflucht zu bieten.

Das deutsche PEN-Zentrum setzt sich in besonderer Weise ein für verfolgte Schriftsteller in der Welt ein. Und dass dies so ist, erklärt sich auch aus der deutschen Vergangenheit, die wir niemals vergessen oder unter den Teppich kehren wollen. In den Jahren des Nationalsozialismus wurden unzählige Schriftsteller und Wissenschaftler in Deutschland für ein kritisches Wort, eine anzügliche Zeile in einem Gedicht, einen unbequemen Zeitungsartikels ins Gefängnis gesteckt, gefoltert oder ermordet. Tausende wurden aus Deutschland verjagt und mussten in den Ländern der Welt Zuflucht suchen, die sie aufnahmen und ihnen Schutz gewährten. – Unsere Arbeit im Writers-in-Exile Programm und das Engagement der Bundesregierung kann nur eine Geste des Gedenkens und des Dankes sein, für die Gastfreundschaft und die Hilfe dieser Länder in finsteren Zeiten.

Heute nehmen weltweit die Konflikte wieder zu, autokratische Regierungen bestrafen Schriftsteller und Intellektuelle drastischer denn je für ein »unvorsichtiges« Wort in einem Gedicht, einen kritischen Artikel, einen entlarvenden Comic, einen heiklen Blog oder einfach nur für ihren Zweifel am wahren Glauben. Die vom Büro des Internationalen PEN in London halbjährlich erstellte case list legt Zeugnis ab von der zunehmenden Zahl von Schriftstellern, Journalisten, Bloggern die im Gefängnis sind, gefoltert gequält, drangsaliert und gedemütigt werden, oft jahrelang, manchmal über Jahrzehnte.

Unsere Machtmittel gegenüber den autokratischen Regierungen sind gering, mögen manchem sogar als lächerlich erscheinen:

Wir organisieren Solidaritätskampagnen, schreiben mit zusammengebissenen Zähnen höfliche Briefe an Diktatoren, – erstellen und Listen mit den Namen der Opfer – und geben diese Außenministern, Kanzlern und Präsidenten mit ins Gepäck, wenn sie zu Staatsbesuchen in die jeweiligen Länder aufbrechen. Manchmal, selten genug, haben wir Erfolg. Das sind dann die Sternstunden, die für alle Mühen und Enttäuschungen entschädigen.

Die geflüchteten Kollegen können für ein, zwei oder höchstens drei Jahre eine möblierte Wohnung in München, Berlin, Nürnberg oder Darmstadt bewohnen – hier darf nicht unerwähnt bleiben, dass z.b. die drei Wohnungen in München über das Kulturreferat der Stadt organisiert und zum Teil auch finanziert werden. Die Stipendiaten erhalten ein monatlich ausbezahltes Geld um ihren Alltag zu finanzieren; dazu kümmern wir uns darum, dass sie krankenversichert sind. Sie werden beschützt, begleitet und beraten und – das ist das Besondere – sie werden, sobald sie sich von den erlittenen Strapazen halbwegs erholt haben, von uns ermutigt, ihre Arbeit als Schriftsteller fortzusetzen.

Und weil Schriftsteller nicht für die Schublade schreiben, sondern für ein Publikum, veranstalten wir Lesungen, organisieren Übersetzungen, publizieren ihre Texte in Anthologien, verschaffen ihnen Auftritte und Interviews, bringen sie in Kontakt mit Redakteuren und Verlegern. Wir zetteln Gespräche zum Erfahrungsaustausch mit deutschen Kollegen an, etwa bei Literaturfestivals.

Manche der Stipendiaten sprechen ein wenig Englisch oder Französisch, viele aber weder noch. Also ermutigen wir sie, dass sie die vom Goethe Institut gesponserten Deutschkurse regelmäßig besuchen damit sie sich, sobald die drei Jahre um sind und sie nicht in ihr Heimatland zurückkehren können, hier bei uns einigermaßen zurecht finden und auf eigenen Beinen stehen können.

Auch eine autoritäre Gesellschaft kann keinen Menschen daran hindern, das zu schreiben, was er will, aber sie kann die freie Verbreitung seiner Schriften – gedruckt oder im Internet – verhindern. Davon wurde und wird reichlich Gebrauch gemacht.

In einer Zeit, die durch die Flucht und Vertreibung von Millionen geprägt ist, können wir für geflüchtete Autoren acht Stipendienplätze zur Verfügung stellen. Tropfen auf heißem Stein. Es kann nur eine Geste sein.

Eine Geste der Hilfe für verfolgte Kollegen und eine Geste des Dankes an jene Staaten der Welt, die vor 80 Jahren bereit waren, vielen verfolgten deutschen Autoren Schutz und Zuflucht zu gewähren.

Und doch sind es jeweils acht gefährdete Menschen, denen wir helfen können. Acht Leben! Acht Schicksale, die ein Licht auf die gesellschaftlichen und politischen Zustände der Länder richten, aus denen sie fliehen mussten. Alle haben Schreckliches erfahren. Sie haben alles verlassen, woran sie gewöhnt waren und was sie liebten. Sie befinden sich oft in desolatem psychischen Zustand, brauchen professionelle Hilfe. Für uns, die wir uns für sie verantwortlich fühlen, ist es oft eine Gratwanderung, das Richtige zu tun und zu sagen. Diejenigen, die nicht allein kommen, haben es leichter, sie sind nicht ganz allein mit den quälenden Bildern im Kopf.

Dank des großen Netzwerks von ehrenamtlichen Helfern, von Psychologen und Traumatherapeuten, spezialisierten Rechtsanwälten und den Betreuern, die bei den ersten Einkäufen im Supermarkt helfen oder beim Besorgen der Simcard fürs Handy, kommen wir unserem Ziel, nämlich die äußeren und inneren Schmerzen zu lindern, schrittweise ein wenig näher. Es ist schön zu erleben, wenn bei jemandem, der abweisend und verbittert, misstrauisch, graugesichtig und verschlossen hier ankam, allmählich die Augen wieder zu funkeln beginnen und sich ein Hauch von Lebensfreude auf das Gesicht legt. Wenn wir das erreichen - und das ist gar nicht so selten - sind auch wir glücklich. Oft haben wir neue Freunde gewonnen, mit denen wir gemeinsam essen, die uns mit ihren Witzen amüsieren, die uns kritisieren, hin und wieder auch nerven und ärgern. Sie bringen uns die Welt ins Haus, lassen uns teilhaben an dem, was uns anfänglich fremd, manchmal unerklärlich ist, sie diskutieren mit uns und erzählen uns, wie sich das Leben hier in Deutschland für sie anfühlt. Dafür sind wir ihnen dankbar, denn es lässt uns selbst klarer sehen, wer und wie wir sind.

Franziska Sperr

SAID

geboren 1947 in Teheran, lebt seit 1965 in München.
1995/96 war er Vizepräsident, 2000 bis 2002 Präsident des
Deutschen PEN-Zentrums, 1995/96 auch Beauftragter des Writers
in Prison Committee.
Veröffentlichungen:
Liebesgedichte. 1981 (bei Heinz Treiber, seit 1985 bei P. Kirchheim)
Wo ich sterbe ist meine Fremde. 1984 (P. Kirchheim)
Selbstbildnis für eine ferne Mutter. 1992 (P. Kirchheim)
Der lange Arm der Mullahs. Notizen aus meinem Exil. 1995
Es war einmal eine Blume. (Ein Märchen mit Bildern von Kveta Pa-
covska) 1998
Sei Nacht zu mir. (Liebesgedichte) 1998
Dieses Tier, das es nicht gibt. 1999
Landschaften einer fernen Mutter. 2001
Außenhaut Binnenträume. (Gedichte) 2002
Friedrich Hölderlin empfängt niemanden mehr. (Hörspiel, CD)
2002
In Deutschland leben. (Ein Gespräch) 2004
Das Rot lächelt, das Blau schweigt. Geschichten über Bilder 2006
Psalmen. 2007
Der Engel und die Tauben. (Erzählungen) 2008
Ruf zurück die Vögel. (Gedichte) 2010
Parlando mit Le Phung. 2013
Schneebären lügen nie. (Mit Bildern von Marine Ludin) 2013
Auf der Suche nach dem Licht. (Gedichte) 2016

1said@gmx.net
www.said.at

YAMEN HUSSEIN

Der syrische Dichter und Journalist Yamen Hussein wurde 1984 in Homs geboren. Er verfasste zahlreiche regimekritische Artikel, durch die er ins Visier der syrischen Sicherheitsbehörden geriet. Bereits 2006, gerade 22 Jahre alt, mokierte er sich öffentlich über das sektenähnliche System an der Universität von Homs und beschuldigte die Regierung der Teilhabe an dem diskriminierenden System, was dazu führte, dass er der Universität verwiesen und für drei Monate in Gewahrsam genommen wurde. Immer wieder kritisierte er weiterhin in Artikeln die restriktiven und manipulativen Eingriffe des Staates in Publikations- und Pressefreiheit und protestierte wiederholt gegen die Missachtung der Menschenrechte während des Bürgerkriegs. Als er sowohl aus dem religiös-fundamentalistischen Lager als auch von staatlichen Behörden andauernde Morddrohungen erhielt, flüchtete er sich in die Türkei.

Von Dezember 2014 bis Dezember 2017 lebte Yamen Hussein als PEN-Stipendiat des Writers-in-Exile-Programms in München. Seine Flucht von Syrien über den Libanon und die Türkei bis nach Deutschland verarbeitete Hussein in dem Lyrikband (»3439 km – Scars except the navel« 2017 Arab Institute for Research and Publishing), die Gedichte verfasste er in Damaskus, Beirut, Istanbul und München, einige erschienen in deutscher Übersetzung in Anthologien »Weg sein – Hier sein« (2016, Secession), der PEN-Anthologie »Zuflucht in Deutschland. Texte verfolgter Autoren« (2017, S. Fischer). Auch ins Französische, Englische, Spanische und Tschechische wurden Gedichte von ihm übersetzt.

Yamen Hussein nahm seit 2015 an einer Vielzahl literarischer Veranstaltungen und Projekte teil: Er wirkte an Veranstaltungen des PEN, der Heinrich-Böll-Stiftung, des Literarischen Colloquiums Berlin (LCB) und des Literaturhauses in München mit, ferner beteiligte er sich an den Projekten *Meet your neighbours* und *Weiter Schreiben*.

Für den deutschen Kurzfilm »Die Herberge« schrieb er den arabischen Dialogteil sowie für das aktuelle Projekt »Hymnen und Lieder des 21. Jahrhunderts« beim stART Festival für Neue Musik in Salzburg (September 2018) ein Lied und eine Hymne.

LEILA CHAMMAA, in Beirut/Libanon geboren, studierte Islamwissenschaft, Arabistik und Politologie an der FU Berlin und im Zusatzstudium Deutsch als Fremdsprache an der HU Berlin. Seit 1990 übersetzt sie arabische Literatur ins Deutsche, zunächst ausschließlich Prosa, seit einigen Jahren aber auch mit Begeisterung Lyrik. Sie ist zudem als Beraterin und Gutachterin für Verlage, Institutionen und Festivals im Bereich arabischer Literatur tätig. Von 2014 bis 2016 war sie Jurorin des Internationalen Literaturpreises.

* * *

FRANZISKA SPERR, geb. 1949 in München
Studium der Politischen Wissenschaft, Philosophie, Amerikanistik
Redakteurin der politisch-literarischen Zeitschrift »L'80«.
Seit 1990 freie Autorin, Übersetzerin, Buchrezensentin (SZ-Feuilleton), Hörspielautorin.
Veröffentlichungen:
Die Kleinste Fessel drückt mich unerträglich. Das Leben der Franziska zu Reventlow. Romanbiographie. – Stumm vor Glück, Erzählungen. – Das Revier der Amsel, Roman. – München. Eine Stadt in Biographien bei Merian.
Mitglied des Deutschen PEN-Zentrums seit 2005, seit Mai 2013 Beauftragte für das Writers-in-Exile-Programm des Deutschen PEN-Zentrums und Vizepräsidentin.

* * *

CORNELIA ZETZSCHE
In Leipzig geboren, in Tübingen Germanistik, Geschichte und Politik studiert, Stippvisite bei Europa-Organisationen, Auslandsaufenthalte in Kanada, Indien, Argentinien, inzwischen in München zuhause. Lange Zeit Mitarbeiterin der Universität, bei Print, Fernsehen und Radio. Jurorin beim Deutschen Buchpreis, dem Jean-Paul-

Preis und in anderen Jurys. Cornelia Zetzsche ist Kuratorin von Literatur-Festivals, v. a. aber Radiomacherin aus Leidenschaft. Als BR-Literaturredakteurin, Kritikerin und Moderatorin von Lesungen wie »radioTexte – Das offene Buch« und »Diwan«, dem Büchermagazin auf Bayern 2, hat sie immer das Ziel, Lust aufs Lesen und Hören zu machen, Orientierungshilfe zu geben und die Welt ins Radio zu holen.

:: CD-CREDITS ::

TEXTE	SAID und Yamen Hussein
ÜBERSETZUNG	Leila Chammaa
	Deutsche Texte von SAID ins Arabische
	für Yamen Hussein: Kenan Khadaj
SPRECHER	Paul Herwig, Yamen Hussein, SAID
REGIE	Eva Demmelhuber
TON UND TECHNIK	Christian Schimmöller, Cordula Wanschura
REDAKTION	Cornelia Zetzsche, BR / Bayern 2
	Redaktion Kultur Aktuell / Literatur

Eine Produktion des Bayerischen Rundfunks 2017

AUFNAHME	Bayern 2 »radioTexte – Das offene Buch«
	5. und 12. März 2017, 11–11:30 Uhr
	Literaturhaus München 9. März 2017, 20 Uhr
	Teil 1 am 22. Februar 2017 15–17 Uhr
	Studiokonferenz NDR Hamburg / BR
	Teil 2 am 9. März 2017 ab ca 11 Uhr BR Studio 8

Gesamtlaufzeit 80:38